Klischees, Vorurteile und Diskriminierungen

erkennen, verstehen, daran arbeiten,
dagegen argumentieren und etwas ändern

BaER® Deeskalation
Bewältigung **a**ggressiver **E**motionen und **R**eaktionen
Deeskalation und Gewaltprävention
Geschäftsführung: Tim Bärsch
Internet: http://www.baer-sch.de
Email: kontakt@baer-sch.de

Vor-Worte

„Ihr Heuchler, ihr Lügner, ihr Rattenfänger
Ihr Wertpapierverkäufer
Man hat euch Geist und Gefühl gegeben
Und doch seid ihr nur Mitläufer."
Sarah Lesch (Lied „Testament")

Vorurteile und Diskriminierungen fallen nicht vom Himmel, ebenso wie sie nicht einfach wieder verschwinden, fast so, als wäre nichts gewesen.

Vorurteile, Rassismus und Gewalt werden von Menschen gemacht und können auch nur durch sie wieder beseitigt werden. Dabei zeigt sich, dass sehr unterschiedliche Menschen und sehr unterschiedliche Lebenslagen jeweils besondere Zugangswege benötigen, um in der notwendigen Auseinandersetzung überhaupt gehört zu werden oder sogar erfolgreich sein zu können.

Dazu gehört es, gelegentlich und immer wieder die gesellschaftlichen Verhältnisse zueinander „ins rechte Lot" zu setzen. Rassist/innen und Diskriminierer/innen müssen wissen, dass Vorurteile und Demütigungen nicht nur Andere beschädigen, sondern schon weit vorher als Selbstverletzung wirksam geworden sind und wie ein Gift die eigene Lebensfreude zerstören.

Beständigkeit und Gelassenheit in der Auseinandersetzung mit rassistischen Vorurteilen und Diskriminierungen, gemischt mit einer gesunde Portion Humor und angereichert durch einen Hauch von Sarkasmus können, wie dieses spannende und reichhaltige Buch von Tim Bärsch zeigt, der Hetze und dem Hass Erhebliches entgegensetzen.

Ralf-Erik Posselt
Lehrtrainer der Gewalt Akademie Villigst
www.gewaltakademie.de

Vor-denken

„Wundere dich nicht über die Rechtschreibfehler. Alle Fehler sind volle Absicht! Zusammen ergeben sie eine geheime Botschaft, mit der ich versuche, die Weltherrschaft an mich zu reißen.“

Ich sehe viel „Schwarz-Weiß-Denken“ und es gefällt mir nicht. Die Phrase „Ich bin ja kein Nazi, aber...“ oder Äußerungen der AfD und von Pegida sind schon oft sehr nervtötend. Trotzdem sehe ich die Mitglieder <u>nicht</u> immer als Nazis. Die andere Seite ist oft auch nicht viel besser: *„Alle Menschen sind gleich und ich bin ja tolerant. Außer: Die anderen sind intolerant, dann sind sie es <u>nicht</u> wert, zu leben.“* Doch wer hat nun (mehr) recht und wer liegt (völlig) falsch?

Es kommt, wie so oft, auf den Blickwinkel an. Für einige bedeutet dieses Wort links z.B. „Hoffnung“. Drehe das Buch mal auf den Kopf und lies das Wort noch einmal. Plötzlich bedeutet es für viele das Gegenteil. Ziel des Buches ist es, zu zeigen, dass es viele Blickwinkel gibt. Die *Hoffnung* ist, dass dadurch vielleicht weniger „*Adolfe*“ entstehen.

Ansonsten noch ein paar Infos:

- Ich **duze** dich hier als Leser, weil ich es so persönlicher und netter finde. Auch benutze ich die **männliche** Form zur besseren Lesbarkeit (siehe auch Kapitel 1.5).
- Ich schreibe nicht immer die **Quellen** an jede Info. Ich möchte, dass du manches selbst nachforscht und dir deine eigenen Gedanken dazu machst.
- Ich gebe **Vorurteile** wieder, welche in verschiedenen Köpfen (auch manchmal meinem) herumspuken. Diese sind dann **dick**, *kursiv* und mit „“ gekennzeichnet.
- Ich schreibe über dic Ideen des Islams (positiv) und über den Missbrauch des Christentums (negativ) als gesellschaft. **Gegengewicht**. Es ginge auch umgekehrt.
- **Vielen Dank** an: Halima Zaghdoud, Nina Batholomé, Alexandra Buch, Marian Rohde, Jennifer Redmann, Kerstin Nachtigall, Stephan Berchner, Petra Weinstein, R.-E. Posselt, Frank Langer, Kathrin *Müller* Schmidt, Michel Buschmann, Martin Stichler, Jasmin Knorr, Osama El-Zein, Tom Lindemann, Sonja von Zons, Philipp Piecha, Jérôme Gravenstein, Marina Deising, André Karkalis und Frank Müller

1 Allgemeines

Der Mensch hat **Vor-Urteile**. Dies war schon immer so. In der Steppe war das Vorurteil, dass alle Schlangen giftig und gefährlich sind, sehr sinnvoll. Dieses Programm läuft auch erst einmal ab, wenn wir eine Blindschleiche sehen. Wir schrecken automatisch zurück. Die meisten Menschen wissen, dass Blindschleichen nicht gefährlich sind. *Sie sind eigentlich auch gar keine Schlangen.* Es sind nur Eidechsen ohne Beine. Deshalb kann der Mensch die Blindschleiche aufnehmen und streicheln. Er kann also seine Vorurteile überwinden. Als Gehirnbenutzer (*Besitz alleine ist <u>nicht</u> ausreichend*) ist es also möglich, Vorurteile zu überprüfen und zu überwinden.

Weltweite Studien konnten belegen, dass hohe Autoritätshörigkeit und ein geringes Selbstwertgefühl oft mit großer Vorurteilsneigung und einer Tendenz zur Diskriminierung von Minderheiten einhergehen. Dies zu überwinden erfordert **ständiges Reflektieren**. Es passiert mir leider immer noch, dass wenn mich z.B. ein „arabisch aussehender" junger Mann auf der Rolltreppe überholt, ich instinktiv an meine Hosentasche mit meiner Geldbörse greife. Doch ich versuche weiter an mir zu arbeiten, u.a. indem ich provokativ mit Vorurteilen spiele. Dies wirst du wahrscheinlich mehrmals im Buch merken, z.B. an einigen Bemerkungen und an meinen Zeichnungen.

Manche Vorurteile haben einen gewissen Wahrheitsgehalt und andere sind sehr weit von einer objektiven Wahrheit (*wenn es die gibt*) entfernt. Es gibt immer so viele Sichtweisen, wie es Menschen gibt, die das Thema betrachten. Jeder wertet aufgrund seiner Erlebnisse und seiner Vorerfahrungen. Oft kommt es vor, dass wir die Sichtweise des anderen nicht nachvollziehen können. Ich habe mittlerweile aufgegeben, alles verstehen zu wollen. Trotzdem möchte ich meine Vorurteile, so gut es geht, im Blick und dadurch mehr Handlungsmöglichkeiten haben.

„Das Vorurteil ist recht für den Menschen gemacht, es tut der Bequemlichkeit und der Eigenliebe Vorschub, zweien Eigenschaften, die man nicht ohne die Menschheit ablegt." Immanuel Kant

Ich möchte hier keine langweiligen Definitionen runterbeten. Dieses Buch ist schließlich <u>keine</u> Doktorarbeit. Jeder kann ein (Vor-)Urteil über eine Person oder eine Personengruppe fällen, ohne nähere Fakten zu kennen. Vorurteile sind meist negativ, können aber auch erst einmal positiv sein. Das Vorurteil: „Schwarze haben Rhythmus im Blut." ist erst einmal positiv. Eine ehemalige Kollegin besteht bis heute darauf, dass dies eine Beobachtung von ihr wäre und <u>kein</u> Vorurteil. Ich kann nur sagen, dass ich schon Menschen mit dunkler Haut gesehen habe, deren Tanzbewegungen genauso kacke und unrhythmisch aussahen wie meine. Und auch wenn dieses Denken positiv gemeint ist, bedeutet es im Grunde: „Die sind anders als wir." Und das ist genau das, was ich als <u>nicht</u> positiv empfinde. Jeder Mensch ist anders. Die Verknüpfung von Hautfarben, Religionen und Herkunftsländern mit Eigenschaften, Vorlieben und Fähigkeiten ist einfach Unsinn. <u>Nicht</u> alle Äthiopier können schnell rennen – <u>Nicht</u> alle Deutschen sind pünktliche Nazis – <u>Nicht</u> alle Muslime wollen sich in die Luft sprengen – <u>Nicht</u> alle Juden sind geldgierig … usw. usw. usw.

Doch kommen wir jetzt zu einigen Begriffen, die mit Vorurteilen zu tun haben:
Klischee: (franz. Abklatsch) alte Bilder, die unbedacht übernommen werden – kann auf Einzelpersonen oder auf Gruppen zutreffen – Stereotyp geht in die gleiche Richtung (griech. fester Entwurf) vorgefasste Meinung „Stempel" - beeinflussen die Informationsverarbeitung – Es ist eine Vereinfachung komplexer Eigenschaften oder Verhaltensweisen von Personengruppen.
Vorurteil: Wie das Wort schon sagt, ist es ein Urteil vor einem Urteil. Es entsteht, wenn die verallgemeinerten Eindrücke mit Emotionen besetzt werden. Vorurteile sind meist negativ behaftet und durch ihre Komplexität schwer aufzuheben (Klischee + negatives Gefühl = Vorurteil).
(Soziale) Diskriminierung: Negatives Verhalten gegenüber Menschen, weil sie zu einer Gruppe gehören (Klischee + negatives Gefühl + negatives Verhalten).
So **Begriffe** wie Xenophobie, Ethnophaulismus, Etikettierung, Kategorisierung usw. lasse ich mal weg, da die Erläuterungen für dieses Buch unwichtig sind.

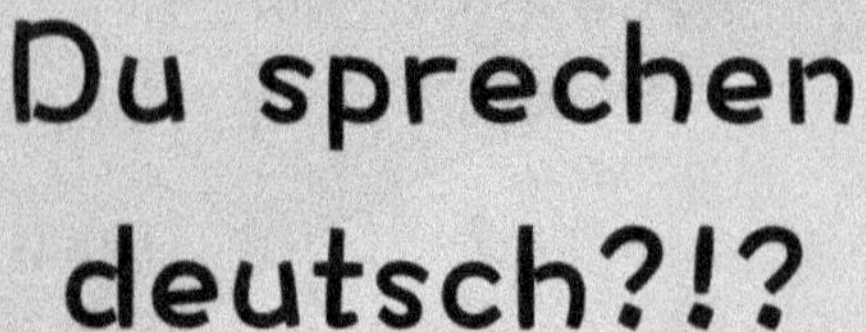

Du sprechen deutsch?!?
Ja, ich habe Germanistik studiert. Wenn Sie mögen, kann ich es Ihnen gerne beibringen.

„Die Hauptquellen der Vorurteile sind: Nachahmung, Gewohnheit und Neigung." Immanuel Kant

Vorurteile beruhen fast nie auf Fakten, sondern meist auf Gefühlen. Dabei können die Vorurteile gerade zufällig zutreffen (z.B. dieser Deutsche ist in diesem Moment pünktlich), im Durchschnitt zutreffen (z.B. Männer sind größer als Frauen), nicht zutreffen (z.B. Spinat enthält viel mehr Eisen) oder genau das Gegenteil stimmt (z.B. härtere Strafen führen zu weniger Straftaten).
Also sind Vorurteile nicht berechenbar. Die meisten Vorurteile entstehen durch die Erziehung und das Vorleben der Erwachsenen bereits im Kindesalter. Aber warum übernehmen Menschen solche Bilder?

1. Vorurteile bilden einen strukturierten Ordnungsrahmen. Es dient zur Vereinfachung unserer komplexen Welt. Die **Vereinfachung** „Schäferhunde können gut beschützen und Dackel bellen laut" wird dann auf Menschengruppen übertragen: *„Schwarze können schnell rennen und Mädchen sind schlecht in Mathematik."* Und schon ist es möglich, komplexe Dinge zu „verstehen" und zu „erklären". „Der menschliche Geist muss in Kategorien denken. … Einmal gebildet, sind sie die Grundlage für normale Vorurteile. … Das geordnete Leben beruht darauf." (Die Natur des Vorurteils von Gordon Allport; 1954)

2. Die **Sündenbockstrategie** funktionierte schon immer, egal ob bei Hexen, Juden, Schwarzen, Polizisten, Politikern oder Flüchtlingen. Eigene Entbehrungen, ein schlechtes Gewissen, Übertragungen der eigenen Unzulänglichkeiten, Furcht, ein Minderwertigkeitsgefühl oder der Herdentrieb unterstützen die Sündenbocksuche oder lassen sie sogar entstehen. Die Todsünde Neid ist oft ein großer Faktor in diesem Spiel: *„Die ziehen frei umher und ich bin gebunden! Die verleihen Geld und sind reich, aber meine Religion verbietet mir das! Die haben nicht meine Kultur und bekommen das gleiche, wenn nicht sogar mehr Geld als ich!"* Dadurch hat man gleichzeitig einen Schuldigen und kann seinen Status erhöhen. Äußere Feinde sind immer leichter auszumachen als in der eigenen Gruppe oder als der „innere Feind" in sich selbst. „Der Balken im eigenen Auge ist das beste Vergrößerungsglas für den Splitter im Auge des anderen." (Theodor W. Adorno)

3. Menschen sind Rudeltiere. Wir möchten die **Gruppenzugehörigkeit** und haben Angst vor einem Ausschluss. Dabei gilt der Satz: „Gleich und gleich gesellt sich oft gern." Menschen mögen Vertrautes und da wir uns meist selbst vertrauen, mögen wir auch uns ähnliche Menschen. Die meisten Menschen finden andere Menschen schon gleich sympathischer, wenn sie erfahren, dass sie das gleiche Geburtsdatum haben. Meist versuchen Menschen auch ihre Gruppenzugehörigkeit zu zeigen. Kleidung, Schmuck, Frisuren, Tätowierungen usw. sind uns wichtig, um zu zeigen, wer wir sind und zu wem wir gehören. Besonders in den sogenannten Subkulturen ist dies offensichtlich, z.B. Punks, Rocker und Skins. Es gibt unzählige Versuche, die zeigen, wie schnell sich Menschen zu Gruppen sortieren. Im Stanford-Experiment identifizieren sich „normale" Studenten innerhalb kurzer Zeit mit ihren Rollenzugehörigkeiten „Gefangene" oder „Gefängniswärter". Dazu ein wenig Macht und Uniformen und schon musste das Experiment vorzeitig abgebrochen werden (nach sechs Tagen anstatt 14 Tage). Henri Tajfel ließ in den 70er Jahren Schuljungen eine Punkteanzahl schätzen. Er teilte die Gruppe in „Überschätzer" und „Unterschätzer". Nach kurzer Zeit gab es ein „wir" und ein „die anderen" (*wie bei „LOST" oder „Herr der Fliegen"*). Die eigene Gruppe wurde bevorzugt und die anderen diskriminiert. Die Hirnforschung zeigt (Jason Mitchell u.a.), dass das selbe Hirnareal (ventrale Region des medialen präfrontalen Kortex) aktiv wird, wenn wir über uns selbst nachdenken <u>oder</u> uns in jemanden hinein fühlen, der uns ähnlich ist. Fühlen wir uns in eine andere Person hinein so wird ein ganz anderes Hirnareal genutzt (dorsale Region).

Das „Tolle" an Vorurteilen ist, dass man auch immer irgendwo eine Bestätigung findet. Wird ein Pole beim Diebstahl erwischt und wir haben dieses Vorurteil, so sehen wir uns sofort wieder bestätigt. Die anderen 100 Polen, denen wir begegnet sind und die nicht klauen, blenden wir einfach aus. Die sich selbst erfüllende Prophezeiung geht ungefähr in die gleiche Richtung (Robert Merton 1948).
Doch diese Vorurteile haben nicht nur einen großen Einfluss auf das eigene Denken. Auch die anderen Menschen werden davon beeinflusst. Robert Rosenthal fand in den 60er Jahren heraus, dass Schüler dümmer werden, wenn Lehrer annehmen, dass sie dumm sind und Schüler schlauer werden, wenn Lehrer annehmen, dass sie schlau sind (Pygmalion-Effekt). Spätere Untersuchungen (z.B. L. Jussim / K. Harber 2005) konnten diese Effekte bestätigen, auch in anderen Arbeitskontexten z.B. Gerichtssälen (R. Rosenthal 2002). Diese Versuche machen noch einmal deutlich, welche Auswirkungen es hat, wenn Menschen in Kategorien gesteckt und dort nicht wieder rausgelassen werden.

„Die Geschichte lehrt dauernd, doch sie findet keine Schüler."
Ingeborg Bachmann

Der **Implizite Assoziationstest** (IAT) ist ein Messverfahren in der Sozialpsychologie (nach Greenwald, McGhee und Schwartz).
Die Idee: Personen fällt es leichter, auf assoziierte Konzepte mit derselben Antworttaste anstatt mit einer entgegengesetzten Antworttaste zu reagieren.

Der **erste IAT**: Erscheint am Computer das Wort für eine Blume (z.B. Tulpe) oder ein positives Gefühl (z.B. fröhlich) drückt die Versuchsperson Taste A. Erscheint das Wort für ein Insekt (z.B. Wespe) oder ein negatives Gefühl (z.B. wütend) soll die Person Taste B drücken. Es wird jeweils die Zeit genommen. Die Ergebnisse zeigen, dass fast alle Menschen diese Versuchsreihe schneller schaffen, als wenn Taste A mit „Blume" und dem „negativen Gefühl" belegt ist.

Taste A (Blume + positiv)   Taste B (Insekt + negativ)
wird meist schneller gedrückt als
Taste A (Insekt + positiv)   Taste B (Blume + negativ)

Anhand der Entscheidungsgeschwindigkeit der beiden Testreihen kann man feststellen, ob die Person eher Blumen oder Insekten positiv bewertet. Die meisten Gehirne schafften es schneller Blume + positiv zu verbinden als Insekt + positiv.

Dann folgte der „**Rassen**"-IAT. Die Blumen und Insekten wurden durch bekannte schwarze und weiße US-Amerikaner ersetzt. Und es zeigte sich, dass viele Menschen (ca. 75%) eine „Präferenz" gegenüber Weißen haben. Die Verbindung von positiven Wörtern mit weißen Menschen gelang oft schneller als die Verbindung von positiven Wörtern mit schwarzen Menschen. Weitere Untersuchungen fanden heraus, dass Personen bei denen die Zeiten sehr unterschiedlich waren, oft auch ein negatives Verhalten gegenüber Schwarzen zeigten.

Es gibt unterschiedliche IAT, z.B. welche zu den Thematiken Länder, Ossi-Wessi, Sexualität, Geschlecht, Gewicht, Hautfarbe und Alter. **Probier mal** - hier der Test:

https://implicit.harvard.edu/implicit/germany/

„Die Geschichte des Fernsehens ist eine Geschichte voller Missverständnisse. Dabei hat dieser kleine Kasten vielleicht mehr für die Verblödung der Menschheit getan als jedes andere Medium."
Oliver Kalkofe

Die *vierte* Gewalt im Staate ist die **Mediative**, vielleicht sogar die mächtigste. Die Bildschirmmedien haben dabei den größten Einfluss. Die Hälfte der deutschen 15-jährigen verbringt von den ca. 5.800 wachen Stunden im Jahr 1.170 Stunden vor dem Bildschirm (1.000 Stunden in der Schule). Nach Studien übernimmt Fernsehen & Co 42% der Erziehung bei Jugendlichen, gefolgt von der Schule und den Eltern. Ein Blick ins Internet und TV reicht, um zu sehen, wie *pädagogisch wertvoll* die Beiträge oft sind. Und auch zweijährige Kinder schauen an die zwei Stunden täglich in die Glotze. Schulkinder sitzen so fünf Stunden vorm Fernseher, PC, Tablett, Handy usw.. Gehirnexperte Prof. Manfred Spitzer setzt sich schon seit Jahren gegen Bildschirmmedien ein, weil sie auf Dauer „dick und doof" machen.

Und man muss eine Sache nur oft genug hören, dann glaubt man sie. Oder warum glaubst du, geben Firmen über 600 Milliarden Euro jährlich für **Werbung** aus!?! Vierjährige können zwischen Programm und Werbung gar nicht unterscheiden und Achtjährige können sich kaum gegen die Überredungskunst wehren. In Norwegen, Schweden und Kanada ist es deshalb verboten Kinder zu umwerben.

Und damit kann **Meinung** gemacht werden. Zwischen 1993 und 2003 wurden die Veränderungen der Straftatenanzahl mit der Wahrnehmung der Bevölkerung verglichen. Die Bevölkerung meinte, das Sexualmorde z.B. in den zehn Jahren extrem zugenommen haben. Dabei sind sie stark zurückgegangen. Bereits 1983 wurde von Prof. H. Bonfadelli festgestellt, dass Viel-Fernseh-Gucker glauben, dass es viel mehr Gewalttaten gibt. Es werden sogar Programme (Social-Bots) eingesetzt, um u.a. Internet-Diskussionen in bestimmte Richtungen zu lenken.
Und so funktioniert es in vielen Bereichen. Dr. Sabine Schiffer (Institut für Medienverantwortung) spricht z.B. von einer **„langen kultivierten Islamphobie"**. Allein die Überschrift „Wie gefährlich ist der Islam?" bringt Gefahr und Islam in einen Satz und unser Gehirn speichert diese Verbindung. Dies täglich, noch einige Bestseller von Sarrazin, Mahmoody oder Pirinçci und schon entstehen Ängste.

Wirklichkeit
2DF
RTL
JB
2013

„Gesetzt den Fall, wir würden eines Morgens aufwachen und feststellen, dass plötzlich alle Menschen die gleiche Hautfarbe und den gleichen Glauben haben, wir hätten garantiert bis Mittag neue Vorurteile." Georg Christoph Lichtenberg

Es gibt immer wieder Unsicherheiten, wie man bestimmte Menschengruppen nun nennen soll und darf. „Negerkuss" und „rumjuden" sagen nur noch wenige Leute. „Zigeunerschnitzel" und „getürkt" sagen schon mehr Menschen, obwohl sie wissen, dass dies nicht so ganz „koscher" ist.

Die Anhänger des **Islam** nennt man <u>Muslima</u> oder <u>Muslime</u> (arabisch: der sich Gott Unterwerfende). „Islamisten" ist die Medien-Bezeichnung für Extremisten, die den Koran missbrauchen, um ihre idiotischen Taten zu rechtfertigen. In dem Buch benutze ich deshalb den Begriff „Islamisten" immer in Anführungszeichen. **Gender-Mainstream** scheint für viele zu heißen, dass wir immer die weibliche Bezeichnung oder ein Innen dahinter schreiben müssen. Weibliche Computer-Hacker heißen übrigens Häcksen. Doch warum unterscheiden wir Koch und Köchin? Kocht jemand mit Penis besser, schlechter oder anders? Wir haben ja auch keine andere Bezeichnung für dicke, kleine, dunkelhäutige oder hellhaarige Köche. Wir haben dann ein Stück Gleichberechtigung erreicht, wenn es keine unterschiedlichen Begriffe mehr für das gleiche Tätigkeitsfeld gibt. Ich weigere mich in meinen Büchern diese umständlichen Gender-Schreibweisen zu benutzen, die eigentlich nur auf eine Unterscheidung hinweisen.
„Neger", „Mohr", „Farbiger" und auch das meist ironische „Maximal-pigmentier-ter" sind mehr oder weniger Beleidigungen. **Schwarze Menschen** ist die sinnvollste und einfachste Bezeichnung für diese Menschengruppe. *Wobei ich mir schon Gedanken mache, ob es eigentlich rassistisch ist, wenn die Lehrerin zu meiner Tochter sagt, dass sie das Gesicht mit „<u>Hautfarbe</u>" ausmalen soll.*
Der Begriff **Ausländer** ist politisch korrekt, für Menschen ohne deutschen Pass. Trotzdem wird dieser Begriff oft nur für den armen Bevölkerungsteil genutzt. Auch werden Österreicher, US-Amerikaner und Briten nicht so oft als Ausländer bezeichnet wie Türken oder Syrer. Menschen, die aus einem anderen Land nach Deutschland ziehen, sind **Migranten**. Die Bezeichnung „Person mit Migrations-hintergrund" ist weiterhin politisch korrekt, aber auch total umständlich.

„Vorurteilsvolles Denken und Handeln ist zunächst immun gegenüber Tatsachen und Gegenargumenten. Vorurteile sind bequemes Nicht-denken-Müssen und Nicht-Denken-Wollen in unbequemer Lage und Zeit." Klaus Ahlheim

Fanatismus ist das Gegenteil von Toleranz. Oft geht es gar nicht um Fakten, sondern um Emotionen. Die Denkweisen „Recht des Stärkeren", „Ungleichwertigkeit verschiedener Menschen" und „strenge Hierarchien" weisen auf Fanatismus hin. Und schon fängt der Vorurteiler an, zu argumentieren.

Ein beliebtes *Spiel* ist das „**Parolenspringen**" oder „Parolenhopping". Dabei springt der Vorurteiler von einem Argument zum nächsten - manchmal zusammenhängend, manchmal nicht. Die Parolen werden so schnell hintereinander abgeschossen, dass es fast nicht möglich ist, adäquat zu reagieren.

Dann werden vermeintlich **logische Ketten** aufgebaut. Dabei ergibt eine Sache die nächste. Ein gutes, aber harmloses Beispiel, ist Erich von Däniken. Ein, zwei Argumente, eine Ungereimtheit und die logische Kette wird aufgebaut. Am Ende ist „bewiesen", dass uns regelmäßig Außerirdische besuchen oder, bei rechten Argumentierern, dass alle Ausländer doof sind. Oder es wird die „**Straße des Ja´s**" angewendet: *„Du bist doch intelligent!? Und du möchtest das Beste für deine Kinder?! Dass die sicher leben!? Du möchtest, dass sie nicht überfallen werden?! Deshalb ...."* Ähnlich wie im Kindergarten wird auch manchmal argumentiert: *„Die haben aber angefangen!"*, oder *„Die anderen sind ja noch schlimmer!"* Oft wird ein Einzelfall auf alle oder der falsch verstandene Natur-Darwinismus auf den Menschen übertragen. Einige wollen „beschützen" und behaupten: *„Heute tragen einige ein Kopftuch und morgen müssen alle eine Burka tragen!"*

Dann gibt es noch verschiedene **Reaktionen** auf deine **Gegenargumente**, z.B.:
- Angedeutete Unterstellung: „Woher hast du das? Hast du die Statistik dabei? Ich traue nur den Statistiken, die ich selbst gefälscht habe!"
- Gegenbeweise: „Ich kenne andere Zahlen. In der Bild stand aber .... ."
- Bündnispartner suchen: „Frank, Alex, ihr seid doch auch meiner Meinung."
- Beleidigungen: „Ich hätte dir mehr Wissen zugetraut! Du bist sooooo naiv!"

2 Gängige Vorurteile

„Beurteile den Baum nicht nach seiner Rinde!" Deutsche Weisheit
„Betrachte nicht den Krug, sondern dessen Inhalt." Talmud
„Beurteile nie einen Menschen bevor du nicht mindestens einen
halben Mond lang seine Mokassins getragen hast."
Indianische Weisheit

Der bekannteste Fragebogen im Bereich Vorurteile ist die **F-Skala**. Die „F(aschismus)-Skala" wurde von T. W. Adorno u.a. in der 40er Jahren entwickelt und immer wieder angepasst. Dieser Test versucht die typischen Einstellungen einer „autoritären Persönlichkeit" zu entdecken, also jemand, der antidemokratisch und faschistisch denkt bzw. handelt.

Ich habe eine Menge Klischees bzw. Vorurteile im Kopf und mich interessierte, ob andere genau so blöd sind und vielleicht sogar die gleichen Sachen im Kopf haben. Deshalb habe ich einen **Klischee-Fragebogen** mit 60 Begriffen erstellt und im Sommer 2016 mit den Worten verteilt: *„Hallo, JEDER hat irgendwelche Klischees im Kopf. Es geht hier nicht um Moral. Schreibe hier bitte deine ersten drei (auch weniger, wenn Dir nichts einfällt) Assoziationen zum genannten Thema auf (z.B. zum Thema "Sport": Anstrengung Spaß Gesund). PS. Die Antworten sind anonym!!!"(Fragebogen:https://docs.google.com/forms/d/e/1FAIpQLSeXuv30GR Kj7307u9dif-4V_vOQrfKLaGbwKaOP3cnd8s3j0w/viewform?c=0&w=1)*
Diesen Fragebogen haben 75 Menschen ausgefüllt (diverse ausländische Wurzeln: Polen, Spanien, Italien, Russland, Türkei, Marokko, Libanon, USA, Niederlande) – 30 weiblich, 19 männlich (sonst keine Angabe) – 3 unter 25 Jahre, 16 zwischen 25 und 35 Jahren, 22 zwischen 35 und 50 Jahren, 7 über 50 Jahre

Im Buch findest du immer wieder den Satz: *„Bei meiner Umfrage die häufigsten Begriffe zu ...."* Die häufigsten Begriffe meines Klischee-Fragebogens habe ich dann darunter geschrieben. Der am häufigsten genannte Begriff ist dabei <u>unterstrichen</u>. Zur Vereinfachung habe ich bestimmte Begriffe zusammengefasst oder ähnliche Begriffe dahinter in Klammern gesetzt.

Du kannst dir ja mal bei jedem Begriff **deine** ersten Assoziationen überlegen!

„Mein Sohn, es gibt zwei Grundwahrheiten, an denen sich nie etwas ändern wird:
1. Frauen sind dümmer als Männer! 2. Die Erde ist eine Scheibe!"
(Vater-Sohn-Gespräch)

Die **häufigsten Begriffe** meiner Umfrage zum Thema **Mann**:
<u>stark</u>, groß, Fußball, Alkohol

Es gibt viele Klischees über Männer. Statistisch sind sie größer, stärker und schneller als Frauen. **Gentechnisch** gibt es nur einen kleinen Unterschied, wie beim „Y" und dem „X". Beim Y fehlt ein kleiner Strich und schon wäre es ein X. Bei den Chromosomen verhält es sich leider nicht anders. Die Frau hat zwei X-Chromosome und der Mann ein X- und ein abgebrochenes X-Chromosom, also ein X und ein Y. Dem Y fehlen einige Informationen und dies unterscheidet dann Mann und Frau. Der Mann hat einfach weniger Informationen, *wie immer.* Ist bei der Frau etwas am X-Chromosom defekt, kann es durch Informationen vom anderen X-Chromosom ersetzt werden. Beim Mann geht dies leider nicht. Deshalb sind Männer statistisch gesehen öfter rot-grün-blind, autistisch, kommunikationsgestört oder ADHS-betroffen.

„Die Ärzte" singen: *„**Männer sind Schweine!**"* Doch stimmt das auch? Im Fall einer schweren Erkrankung steigt die Scheidungsrate an – allerdings nur, wenn die Frau erkrankt (Soziologinnen Amelia Karraker von der University of Michigan und Kenzie Latham von der Purdue Universität in Indiana). Doch es gibt auch diverse Intuitionstests (z.B. vorgetäuschtes von echtem Lächeln unterscheiden können), in denen Männer besser als Frauen abschneiden. Ein britische Studie von 2011 ermittelte, dass Frauen öfter fremd gehen als Männer. Und in Deutschland wurde erforscht, dass Frauen dabei sogar professioneller vorgehen (Dr. Ragnar Beer / Universität Göttingen). Es gibt massig Studien, die zeigen, dass Männer und/oder Frauen Arschlöcher sein können. Auch die Behauptung, dass wenn Frauen in der Politik was zu sagen hätten, würde es auf der Welt friedlicher zugehen, konnte nun schon mehrmals widerlegt werden. Also stimmt die Aussage „Männer sind Schweine!", aber auch die Aussage „Frauen sind Schweine!"

*„Ich wünsche mir nicht, dass Frauen Macht über Männer haben;
sondern über sich selbst." Mary Wollstonecraft*

Die **häufigsten Begriffe** meiner Umfrage zum Thema **Frau**:
<u>Mutter</u>, emotional, schwach und schön (hübsch)

Das männliche Gehirn hat in der Großhirnrinde 23 Milliarden Nervenzellen, die
weibliche 19 Milliarden. Trotzdem gibt es in der Intelligenz keine Unterschiede.
Frauen haben die effektiveren Gehirne oder es hat bisher niemand herausge-
funden, wofür Männer diese vier Milliarden Nervenzellen nutzen.
Die Klischees haben sich über Jahrhunderte nicht viel geändert. In Kontakt-
anzeigen betonen Frauen ihr gutes Aussehen und Männer ihre tollen Berufe. In
Fitness-Studios sind Männer an den „Eisen" für den Oberkörper und Frauen auf
Laufrädern und BOP-Kursen zu sehen. In „Germanys next Topmodel" zicken sich
die Mädels an und beim „Bachelor" laufen sie einem Rosen-Schleimer hinterher.
Zum Glück gibt es viele (*nicht genug*) Menschen, die da nicht mitmachen.

„Frauen sind schlechter in Mathematik!"
Lange Zeit gab es die Annahme, dass Mädchen weniger mathematisch begabt sind
und dies zeigte sich auch in den Schulnoten. Studien aus 69 Ländern zeigen, dass
Mädchen nur in den Ländern schlechter abschneiden, in denen dieses Vorurteil
bekannt ist. Kennen die Mädchen das Vorurteil nicht, sind sie genau so schlecht
wie die Jungen. Wird den Mädchen gesagt, dass ein Mathe-Test geschlechts-
neutral zusammengestellt wurde, schneiden sie besser ab, als wenn sie denken,
dass es ein „normaler" Mathe-Test ist (J. Keller / D. Dauenheimer 2003).

„Frauen sind doch heute bei uns gleichberechtigt!"
Laut Zahlen aus dem NRW-Frauenministerium bleiben Mädchen seltener ohne
Schulabschluss als Jungen, bewältigen erfolgreicher den Übergang von der Schule
in die Ausbildung und bilden die Mehrheit der Hochschulabsolventen. Trotzdem
ist der Frauenanteil in den gut bezahlten Berufsbranchen immer noch sehr gering
(Management 5% / Elektro 8,5% / Informatik 6,2% / Maschinenbau 11,5%). In
den schlecht bezahlten Branchen sind die Frauen hingegen in der Überzahl
(Arzthilfe 99% / Pflege 86,2% / Soziale Arbeit 80,2% / Erzieherinnen 95,8%).

Ich bin Modell,
Spielerfrau und
habe meinen
eigenen
Schminkchannel
bei Youtube.

Ich bin Hand-
Modell und
Waste Removal
Enineer bei
McDonalds.

„Wir hängen die kleinen Diebe - die großen schicken wir in den öffentlichen Dienst." Aesop

Hier die **häufigsten Begriffe** meiner Umfrage zur **jeweiligen Berufsgruppe**:

Beamte: <u>faul</u>, Geld, arrogant und Schreibtisch
Polizei: <u>Helfer</u>, korrupt, Sicherheit und ACAB
Feuerwehr: <u>Helfer</u>, Mut, Löschen und Helden
Soldat: <u>Uniform</u>, Mörder, Mut und Krieg
Lehrer: <u>unpädagogisch</u>, Ferien, Stress und Schule
Sozialarbeiter: <u>Helfer</u>, Schluffi, Öko und Kaffee (Tee)
Bänker: <u>Geld</u>, Macht, Anzug und Betrug
Politiker: <u>Lügner</u>, Geld, gewählt und korrupt
Prostituierte: <u>Zwang</u>, Drogen, Sex und Geld
Arzt: <u>Götter in Weiß</u>, Geld, Medikamente und Medizin
Student: <u>Faul</u>, feiern, lernen und Alkohol
Schwarzarbeiter: <u>Handwerk</u> (Bau), Betrug (illegal), Steuern und okay

Es gibt dieses *„typische"* Auftreten und Aussehen bestimmter Berufsgruppen, z.B. Informatik-Nerds oder Lehrer. Auch das Auftreten gegenüber bestimmter Berufsgruppen ist anders. Kaum hat jemand einen weißen Kittel an, hat er doch Recht. Berühmt ist z.B. das **Milgram-Experiment** von 1961, in dem Menschen anderen Menschen Elektroschocks gaben, nur weil ein „Professor" es ihnen sagte. 65% gingen bis zu einer tödlichen Dosis. Dieses Ergebnis wurde immer wieder bestätigt. 2010 war die „Moderatorin" in der fingierten französischen Fernsehshow **„La Zone Extrême"** die treibende Kraft. Bei Fehlern wurde der Kandidat von einer Testperson mit Stromschlägen von 20 bis zu 460 Volt bestraft. Nach ersten Stöhnen schrie der Kandidat vor Schmerzen und flehte nach Abbruch. Ab 380 Volt war von ihm nichts mehr zu hören. Dennoch schickten ihm 81% der Testpersonen einen Schlag von 460 Volt hinterher. Etliche zögerten zwar. Doch am Ende griffen sie zum Hebel.

Ich bin sehr cool und arbeite als Scharfschütze bei einer Spezialeinheit!
Super Beruf! Da trifft man bestimmt viele Leute!!!

„Ich hasse Silvester, da saufen auch die Amateure." Harald Junke

Hier die **häufigsten Begriffe** zu der jeweiligen **Krankheit**:
Alkoholabhängigkeit: <u>Sucht</u>, Aggression, ungepflegt und krank
Drogenabhängigkeit: <u>kriminell</u>, schwach, Sucht und Heroin/Spritze

Schöne Gefühle haben zu wollen ist natürlich. Delfine kauen z.B. Kugelfische, um high zu werden und im Vatikan gibt es keine Gesetze gegen Drogenhandel. Doch irgendwann kann der Körper das schöne Gefühl nicht mehr selbst herstellen, sondern benötigt diese Droge oder Tätigkeit (PC-Spiel, Glücksspiel usw.). **Abhängigkeit** (umgangssprachlich Sucht) bezeichnet in der Medizin das unabweisbare Verlangen (engl. craving) nach einem bestimmten Erlebniszustand. Dieses Verlangen ist stärker als der Verstand. Also hat Sucht nichts mit Intelligenz zu tun. Auf Dauer beeinträchtigt es die freie Entfaltung einer Persönlichkeit und zerstört die sozialen Bindungen und die sozialen Chancen.

Es ist schon schizophren – einerseits ist Abhängigkeit eine Krankheit mit diversen Symptomen, wozu auch Rückfälle gehören. Sobald andererseits der Suchtpatient einen Rückfall hat, wird die Therapie oft vom Anbieter abgebrochen und die Krankenkasse bzw. Rentenkasse weigert sich eine weitere Therapie zu finanzieren. Das ist so, als hättest du eine Erkältung und sobald du hustest, behandelt dich der Arzt nicht mehr weiter.

Doch es wird ja auch etwas gegen Sucht unternommen: Der Autor von Lucky Luke wurde 1988 mit einem Preis der WHO ausgezeichnet, da der Cowboy aufgehört hatte, zu rauchen. Auch darf nicht mehr überall für alles geworben werden und es werden einige Gelder für Präventionsprogramme ausgegeben.
Aber immer noch verdient der **Staat** jährlich an der Sucht (Tabak 15 Milliarden € / Alkohol 2,2 Milliarden € / Glücksspiel 1,2 Milliarden €). Ganz abgesehen davon, was die **Industrie** daran verdient (20 Milliarden € Tabakindustrie / 14 Milliarden € Alkoholindustrie / 10,7 Milliarden € Glücksspielmarkt). *Da sind die 5,5 Millionen Nikotinabhängigen, die 1,8 Millionen Alkoholabhängigen und die 450.000 Glücksspielsüchtigen in Deutschland wohl nicht mehr ganz so wichtig.*

Ich bräuchte Säfte, Zäpfchen,
Pflaster, Pulver, Salben und
Pastillen gegen meine Tabletten-
Abhängigkeit.

Mann an der Wursttheke: „Ich hätte gerne etwas von der groben Fetten." Verkäuferin: „Tut mir leid, die hat heute Berufsschule."

Hier die **häufigsten Begriffe** zum Thema **Depression**:
<u>Trauer</u>, schwach, anstrengend und krank

Etwa alle 53 Minuten nimmt sich in Deutschland ein Mensch das Leben (mehr als 10.000 pro Jahr). Die Zahl der **Depressiven** steigt stetig (+ 129% in 20 Jahren auf 8,3% der Bevölkerung). In der Gesellschaft immer noch nicht als Krankheit anerkannt, verdient die Pharma-Industrie aber kräftig daran. Die zwanzig größten Firmen verdienen dabei jährlich über 350 Milliarden $ (Tendenz steigend). Dabei fließen nur 15% der Ausgaben in die Forschung, aber 55% ins Marketing.

Nicht nur die Anzahl der Depressiven, auch die Anzahl der **Übergewichtigen** nimmt in den Industrieländern zu. Doch wer hat da Schuld? 2004 verklagte ein 56-jähriger New Yorker McDonald's, Burger King, Wendy's und KFC, da diese für seine Fettleibigkeit verantwortlich seien – erfolglos.
Adipositas ist eine anerkannte Krankheit - doch genau wie Sucht oder Depression nicht so richtig anerkannt in der Gesellschaft: ***„Das ist „nur" Kopfsache und die können doch einfach abnehmen!"*** Falsche (Über-) Ernährung und Bewegungsmangel sind wohl in unserer Gesellschaft die beiden Hauptfaktoren. Essstörungen, Esssucht, Erbanlagen, Nebenwirkungen von Medikamenten und Stoffwechselerkrankungen stehen aber oft unbemerkt im Hintergrund und machen das „einfache Abnehmen" fast unmöglich. Auch wurde ein Zusammenhang zwischen wenig Schlaf und Gewichtszunahme festgestellt.
Die Deutsche Adipositas Gesellschaft geht von momentan rund 16 Millionen adipösen Menschen aus. Die größte Sorge macht mal wieder der Nachwuchs. Rund sechs Prozent der Kinder in Deutschland sind fettleibig und etwa 15 Prozent übergewichtig.
Beschimpfungen, Lästereien, Ausgrenzung und Mobbing gegen Menschen mit Erkrankungen, die „nur" im Kopf sind, sind weiterhin weit verbreitet. Zurzeit ist es für die gesellschaftliche Anerkennung immer noch sinnvoller an Krebs oder Herzinfarkten als an Depression oder Adipositas zu erkranken.

„Nostalgie ist eine charmante Lügnerin."

Nach Untersuchungen sind zwischen 1993 und 2003 diverse schwere Straftaten zurückgegangen. Doch Raub, Mord und gerade Sexualmorde kommen ja oft in den Medien vor. Die Bevölkerung meinte, dass Sexualmorde z.B. in diesen zehn Jahren um 259% zugenommen haben. Dabei sind sie zu 38% zurückgegangen. *Da haben wohl zu viele „Criminal Minds" geschaut und Thriller von Simon Beckett und Cody McFadyen gelesen.* Gewaltverbrechen gehören auch heute noch zu den häufigsten Todesursachen. Über 500.000 Menschen sterben im Jahr durch Gewaltverbrechen. Doch in Deutschland gehen die Zahlen in den letzten Jahrzehnten zurück. In Deutschland gibt es um die 700 **Morde** pro Jahr. Vor 20 Jahren waren es aber noch über 1.000 Morde.

„Früher war alles besser und heute ist es schlimmer geworden."
Es gibt einige Untersuchungen, die zeigen, dass sich unsere Wahrnehmung ändert. Zum Beispiel gab es in **Kanada** eine groß angelegte Studie (David Loyon / Kevin Douglas). Dabei kam heraus, dass die Lehrer innerhalb von sechs Jahren mehr Angst vor Gewalt bekamen und sich subjektiv mehr Gewalt ausgesetzt fühlten. Objektiv blieben die Gewaltzahlen gleich.

Wir konstruieren uns alle unsere Welt nach unseren Erfahrungen (**Konstruktivismus**). Und die Vergangenheit wird dabei oft rosa gefärbt. Oder war es früher besser? Im Altertum, in der Antike, im Mittelalter oder im letzten Jahrhundert???

20. Jahrhundert:

10er: I. Weltkrieg, Massaker	20er: Organisierte Kriminalität, Morde
30er: Weltwirtschaftskrise, Unruhen	40er: II Weltkrieg, Holocaust
50er: Hunger, Flucht, Halbstarke	60er: Studentenaufstände, NPD
70er: RAF, Rocker, Kalter Krieg	80er: Skins, Punks, Hooligans
90er: Brandanschläge, Jugoslawienkrieg	2000er: 11. Sept., Terror, Kriege

<u>Meine These:</u> Menschen waren schon immer bekloppt, sind es heute und werden es immer sein. Die Jugend ist da immer besonders schlimm (siehe Kapitel 9.1).

3   Deutschland, Deutschland ...

„Als deutscher Tourist im Ausland steht man vor der Frage, ob man sich anständig benehmen muss oder ob schon deutsche Touristen dagewesen sind." Kurt Tucholsky

Bei meiner Umfrage die **häufigsten Begriffe** zu **Deutschland**:
<u>Wohlstand</u>, pünktlich, fleißig und Fußball

Die Deutschen werden im Ausland als Krauts, Hun („Hunnen"), Fritz, Boche, Nazis, Hitler, Crucco, Mof, Prüüs, prøjse („Preuße"), sakse („Sachse"), sakemanni, niksmanni, Szwab („Schwabe"), Szkop, Hanys, Švabo, skopčák, Piefke, Marmeladinger oder auch Gummihals beschimpft.
Im Ausland werden die Deutschen oft mit dem „typischen Bayer" gleichgesetzt, also Bier, Wurst und Lederhosen. Typisch deutsch ist außer dem Fleiß (pünktliche Fanatiker), die Humorlosigkeit - „Immer Arbeit, nie tanzen" (aus Lateinamerika). Viele sehen aber noch die (teilweise konvertierten) Nazis oder einige Türken sagen einfach „Nordtürkei". Bereits in den 30er Jahren galten die Deutschen als fleißig und stur (Untersuchungen Stereotypen von Katz & Braly).

Größe:	ca. 360.000 km²
Einwohnerzahl:	ca. 81 Millionen
Hauptstadt:	Berlin
Bekannt für:	Pornos, Weltkriege und Autos (VW, BMW, Audi, Mercedes)
Bekannte Menschen:	Martin Luther, Karl Marx, Johann Wolfgang von Goethe
Bauwerke:	Berliner Mauer, Brandenburger Tor, Kölner Dom
Essen / Getränke:	Bier, Sauerkraut, Kartoffeln
Sonstiges:	unterteilt in 16 Bundesländer (ohne Mallorca)

Wer sind die Deutschen?
62% der Männer sind fußballbegeistert. 64% sind Ex- oder Raucher. 69% lieben ihr Auto. 72% vertrauen ihrem Hausarzt. 77% finden Ratten unsympathisch. 79% finden, dass den heutigen Kindern weniger Werte vermittelt werden. 88% ziehen Windows Apple vor. Nach diesen Daten bin ich kein „normaler" Deutscher, weil nichts davon auf mich zutrifft. Trotzdem habe ich einen deutschen Ausweis.

*„Es gibt viele Hähne, die meinen, dass ihretwegen die Sonne
aufgeht." Theodor Fontane*

Je nach Studie sind zwischen 65 und 86% der Deutschen stolz auf ihre
Nationalität. Gerade bei Fußballeuropa- und Weltmeisterschaften kommen dann
die schwarz-rot-goldenen Fahnen heraus. Die schwarz-rot-goldene Fahne steht
für die Verfassung, die Demokratie und die heutige Bundesrepublik. Anders die
schwarz-weiß-rote, die fürs Kaiserreich steht oder die Reichskriegsflagge, welche
gerne ersatzweise für die Hakenkreuzflagge benutzt wird, die in Deutschland
verboten ist. Die deutsche Flagge bei Fußballspielen sehen viele unpolitisch und
trotzdem bleibt bei einigen dieser bittere Nachgeschmack: *„Wir als Deutsche
waren doch mal sehr national und haben da eine Menge Schaden angerichtet. Da
darf man doch nicht mehr die Deutschlandfahne hoch halten!"*

Was ist ein Deutscher?
Muss man als Deutscher Gartenzwerge, einen Hund und ein gepflegtes Auto
haben? Reicht der deutsche Pass? Oder der Geburtsort? Oder müssen die Eltern
deutsch gewesen sein, damit man ein „richtiger" Deutscher ist? Oder gar die
Großeltern? Sind Bayern „richtige" Deutsche? Es gibt Gruppierungen, die sehen
Österreicher als Deutsche, aber nicht den jungen Mann, dessen Großeltern mal aus
der Türkei kamen. Deutschland selbst ist geschichtlich irgendwie so ein
zusammengewürfelter Haufen von Menschen, die die gleiche Sprache hatten.
Germanische Völker, Sachsen, Friesen, Franken, Bayern, Preußen, Thüringer usw.
wurden vor 1200 Jahren zusammengepackt, weil sie sich so „ähnlich" waren.

Darf man denn stolz sein, Deutscher zu sein?
Mit vielen Höhen und Tiefen ist Deutschland schon über längeren Zeitraum eine
Demokratie mit einer recht menschenfreundlichen Verfassung. Es ist schwierig zu
beantworten, ob man auf ein Land oder seine Herkunft stolz sein kann. Eigentlich
kann ja keiner etwas dafür und auch hat jedes Land Dreck am Stecken, mal mehr
oder weniger. Kann man eigentlich auf seine Eltern oder eine Fußballmannschaft
stolz sein? Das kann nur jeder für sich selbst beantworten. Ich kann nur für mich
sagen: Ich bin nicht verantwortlich für die Taten meiner Vorfahren. Deshalb bin

ich nicht stolz darauf und möchte auch nicht dafür zur Rechenschaft gezogen werden. Sobald aus Stolz aber Verachtung anderen Menschen gegenüber wird, ist es nicht mehr tragbar. Die völkischen und rassischen Begründungen sind natürlich totaler Blödsinn und auch schon mehrfach wissenschaftlich widerlegt worden.

Worauf ist man denn als Deutscher stolz?
Deutsche Leitkultur ist auf jeden Fall ein sehr schwammiger Begriff. Insgesamt ist laut Befragungen Deutschland ein tolles Land, weil die Bildungschancen gut sind, wir ein Sozialstaat sind und eine tolerante Haltung haben. Für den Großteil ist es wohl aber eher ein Grundgefühl und sie geben keine Begründung an. Deutschland ist auch weiterhin das beliebteste Urlaubsziel der Deutschen (Platz 1. Ostsee, 2. Bayern, 3. Nordsee). Auch hat sich nach dem zweiten Weltkrieg Deutschland durch Fleiß wieder einen guten Ruf erarbeitet, z.B. wurde die Herkunfts-bezeichnung „Made in Germany" ursprünglich eingeführt, um englische Konsumenten vor minderwertigen deutschen Waren zu warnen. Nun ist es ein Qualitäts-Markenzeichen.

„Die christlichen Grundwerte gehören zur deutschen Leitkultur!"
Beziehen wir uns da auf das **Alte Testament**, also auf Sklaverei (2. Buch Moses 21:7 / 3. Buch Mose 25:44); Tötungen, wenn jemand samstags arbeitet (2. Buch Mose 35:2); das Verbot Haare und Bart zu schneiden (3. Buch Mose 19:27); das Verbot Kleidung aus zwei Stoffen zu tragen (3. Buch Mose19:19); Steinigungen, wenn jemand zu viel flucht (3. Buch Mose 24:10-16) und Verbrennungen, wenn man mit der Schwiegermutter schläft (3. Buch Mose 20:14)?
Oder beziehen wie uns auf das **Neue Testament** und halten die andere Wange hin? Wie passt es dann zusammen, dass Busse mit Flüchtlingen angegriffen und Unterkünfte angezündet werden? Jesus sagte: „Liebet eure Feinde." und nicht, wenn sie eine andere Religion haben, sollt ihr sie hassen.
Auch diese christlichen **Feiertage**: Die geschichtliche Figur Jesus ist <u>nicht</u> im Dezember geboren. Dort wird die heidnische Wintersonnenwende gefeiert. Deshalb wurde das Geburtsdatum „einfach" dorthin verschoben, damit die Heiden da mitfeiern. Heidnische Bräuche wie immer-grüne Bäume im Winter ins Haus zu holen, werden ja immer noch verwendet. Oder was hat Jesus mit Tannenbäumen zu tun? Auch ist Jesus <u>nicht</u> zu Ostern auferstanden. Das ist ein Frühlings- und Fruchtbarkeitsfest. Deshalb die Eier und die Hasen. Die stehen für Fruchtbarkeit. Ostara heißt übrigens die germanische Göttin des Frühlings. *Zufall?*

„Aber den Friesen drohen auch Gefahren. Drei natürliche Feinde hat der Friese seit Alters her: Das Meer, den Sturm und seine Frau." Otto

Schleswig-Holstein (16.000 km²; 2,8 Mill. Einwohner; Hauptstadt Kiel)
Niedersachsen (48.000 km²; 7,8 Mill. Einwohner; Hauptstadt Hannover)
Bremen (419 km²; 0,7 Mill. Einwohner; Hansestadt)
Hamburg (755 km²; 1,8 Mill. Einwohner; Hansestadt)

Bei meiner Umfrage die **häufigsten Begriffe** zu den **Friesen**:
lustig, langsam, Meer und Moin Moin

Bauwerke: Hamburger Hafen, Dockland, Holstentor
Bekannte Menschen: Helmut Schmidt, James Last, Otto, Baron Münchhausen
Essen: Fisch (Hering, Scholle, Karpfen usw.), Rübenmalheurs, Labskaus

Eigentlich gehört auch das Bundesland Mecklenburg-Vorpommern dazu. Ich habe es aber als „neues" Bundesland in das Kapitel „Im Osten" gepackt.

Die Nordsee ist rau und diesen Ruf haben auch die Menschen dort. Die Novelle „Der Schimmelreiter" von Theodor Strom prägt das Bild Nordfrieslands und dessen Bewohner von 1888 bis heute. Doch es gibt dort noch eine Menge mehr: Die meisten deutschen Weihnachtsbäume kommen aus Niedersachsen und die dicksten Männer aus Schleswig Holstein. In Norderstedt (bei Hamburg) gibt es eine Straße namens „Beamtenlaufbahn". Die Straße ist eine Sackgasse. Der HSV hat einen eigenen Fan-Friedhof. Die nördlichste Straße Deutschlands heißt „Ellenbogen". In Niedersachsen gibt es eine Ortschaft namens Adolfshausen und Hamburg hat mehr Brücken als Venedig.

„Einen Franken soll man sich zum Freund, aber nicht zum Nachbarn wünschen." Deutsches Sprichwort

Bayern (71.000 km²; 12,7 Mill. Einwohner; Hauptstadt München)
Baden-Württemberg (36.000 km²; 10,7 Mill. Einwohner; Hauptstadt Stuttgart)

Bei meiner Umfrage die **häufigsten Begriffe** zu **Bayern**:
<u>arrogant</u>, Bier, Berge und Lederhose

Bauwerke: Ulmer Münster, Schloss Neuschwanstein, Regensburger Dom
Bekannte Menschen: Sissi, Franz Beckenbauer, Bertold Brecht
Essen: Weißwurst, Spätzle, Schwarzwälder Schinken

Im Süden Deutschlands beginnen die Alpen. Der höchste Berg in Deutschland ist die Zugspitze mit 2.962 m. Der Mont Blanc zwischen Frankreich und Italien ist mit 4.810 m der höchste Berg der Alpen.
Über den Süden und besonders über Bayern gibt es viele Vorurteile. Der Süden soll sehr konservativ sein, und tatsächlich: Die Sesamstraße wurde ursprünglich in Bayern nicht gezeigt, da sie „zu amerikanisch" sei und es in Deutschland keine unteren Schichten gäbe. Bayern hat auch nie dem Grundgesetz zugestimmt. 1949 lehnte die CSU-Mehrheit im Landtag das Grundgesetz ab. Auf der anderen Seite sind der Naturschutz und die Weltoffenheit. In Bayern arbeiten z.B. hauptberuflich „Bibermanager", die zwischen Bauern und Naturschützern vermitteln. Auch hat Deutschland nur vier Großstädte, die eine Ausländeranteil von über 20% haben und die beiden südlichen Hauptstädte gehören dazu. Auch leben in München nicht so viele reiche „Snobs". 18% gelten dort als arm und Hamburg und Düsseldorf haben z.B. mehr Millionäre.

„Hände weg von ihren Weibern. Wir mischen uns nicht mit ihnen. Welche Art Nachkommenschaft würde das erzeugen? Schwache Wesen, halbe Menschen. Ich will unser Sachsenblut nicht verdünnt sehen von fremdem Volk." Aus dem Film „King Arthur" von 2004

Sachsen (18.000 km²; 4,1 Mill. Einwohner; Hauptstadt Dresden)
Sachsen-Anhalt (20.000 km²; 2,2 Mill. Einwohner; Hauptstadt Magdeburg)
Brandenburg (30.000 km²; 2,5 Mill. Einwohner; Hauptstadt Potsdam)
Thüringen (16.000 km²; 2,2 Mill. Einwohner; Hauptstadt Erfurt)
Mecklenburg-Vorpommern (23.000 km²; 1,6 Mill. Einwohner; Schwerin)
Berlin (892 km²; 3,5 Mill. Einwohner, Bundeshauptstadt)

Bei meiner Umfrage die **häufigsten Begriffe** zu **Ost-Deutschland**:
<u>Rechts</u> (rechtsextrem, -radikal, Nazis, fremden- oder ausländerfeindlich, braun), DDR (Mauer, drüben) und Dialekt (Akzent)

Bauwerke: Reichstagsgebäude, Frauenkirche, Zwinger, Wartburg
Bekannte Menschen: Gert Fröbe, Erich Kästner, Karl May
Essen: Sauerbraten, Kartoffelsuppe, Biergulasch

„Die im Osten sind doch fast alle rechtsextrem!"
Prof. Beate Küpper sagt, dass die gruppenbezogene Menschenfeindlichkeit in Ost und West in etwa gleich ist. Der Osten sei fremdenfeindlicher – der Westen sexistischer. Die Anzahl der Brandanschläge auf Flüchtlingsheime hat sich deutschlandweit von 199 (2014) auf 1031 (2015) erhöht. Bis August 2016 wurden 665 Straftaten gegen Unterkünfte gezählt. 2015 waren es in Sachsen 57 Anschläge. Nr. 1 ist NRW mit 214. Auch zeigen Studien, dass in Ost-Deutschland „nur" 1,2% das dritte Reich verharmlosen, zu 2,5% in Westdeutschland. Also sind die *Jammer-Ossis* gar <u>nicht</u> mehr Nazi als die *Besser-Wessis*.

„Nix gschwätzt isch gnug gelobt.“ Schwäbisches Sprichwort

Nordrhein-Westfalen (34.000 km²; 17,6 Mill. Einw.; Hauptstadt Düsseldorf)
Hessen (21.000 km²; 6,1 Mill. Einwohner; Hauptstadt Wiesbaden)
Rheinland-Pfalz (20.000 km²; 4 Mill. Einwohner; Hauptstadt Mainz)
Saarland (3.000 km²; 1 Mill. Einwohner; Hauptstadt Saarbrücken)

Bei meiner Umfrage die **häufigsten Begriffe** zu **Preußen**:
Militär, Bismarck, Disziplin und Krieg
Bei meiner Umfrage die **häufigsten Begriffe** zu **Schwaben**:
geizig (sparsam), Dialekt, Spätzle und Maultaschen

Bauwerke: Kölner Dom, Main Tower, Heidelberger Schloss, Zeche Zollverein
Bekannte Menschen: Konrad Adenauer, Ludwig v. Beethoven, Heinz Rühmann
Essen: Bratwurst, Reibekuchen, Zwiebelkuchen

Im Westen sind die Preußen, die Schwaben und noch einiges mehr. Hier ist im Prinzip auch die größte „*Stadt*“ Deutschlands, das **Ruhrgebiet** (4.435 km² und 5,1 Millionen Einwohner). Es ist so unterschiedlich und mittlerweile auch so multikulturell, dass es hier **alle** Vorurteile gibt. Deshalb hier nur einige „wichtige“ Informationen: In Fürstenberg wird jedes Jahr am Montag vor Pfingsten ein Igel gefangen und durch die Stadt getragen. Die „Bielefeldverschwörung“ besagt, dass die Stadt Bielefeld nicht existiert (Motto 2014 zum 800-jährigen Jubiläum „Das gibt's doch gar nicht"). Das Freibad der Stadt Schwäbisch Gmünd ist nach Bud Spencer benannt. Maultaschen heißen im Schwäbischen auch „Herrgottsb'scheißerle“. James Bond wurde in Wattenscheid im Ruhrgebiet geboren. Die dicksten Frauen Deutschlands kommen aus dem Saarland. Erst 1957 ist das Saarland Teil der Bundesrepublik Deutschland geworden.

„Der Edle kann eine Sache von allen Seiten ohne Vorurteil betrachten, der kleine Mann ist voll von Vorurteilen und kann eine Sache nur von einer Seite betrachten." Konfuzius

Es gibt doch tatsächlich Foren, die sich damit beschäftigen, dass Hitler nie ein „richtiger" Vegetarier war. *Nur „gute" Menschen sind ja schließlich Vegetarier!?* Es geht oft darum, dass man doch selbst zu den **Guten** gehört. Und wir Deutschen spenden viel, machen Mülltrennung, fangen keine Kriege mehr an, zahlen brav in die EU ein und benutzen immer weniger Plastiktüten. Deshalb sind wir die Guten. Also dürfen wir uns doch über andere und mal unseren Finger erheben. Schnell (vor-)urteilen wir über das Verhalten in anderen Ländern und deren Intoleranz (oft gefördert durch die *objektive* Berichterstattung der „Wahrheits-" Presse).

„Wir Deutschen sind doch schließlich total tolerant!"
In der ALLBUS-Erhebung aus den **90er Jahren** kam heraus, dass 15% der Deutschen in den neuen Bundesländern stark fremdenfeindlich (alte Bundesländer 8%) und 26% deutlich fremdenfeindlich waren (alte Bundesländer 19%). 34% waren „nur" etwas fremdenfeindlich (alte Bundesländer 32%). Die meisten fremdenfeindlichen Personen (45 – 52%) gab es in Sachsen-Anhalt, Thüringen und Mecklenburg-Vorpommern, wo es auch prozentual den geringsten Anteil von Ausländern gab (um die 2%). In Hamburg und Bremen war der Ausländeranteil zwischen 13 und 18% und der Anteil der fremdenfeindlichen Menschen lag bei unter 20%. Stützt wieder die These: **Was man nicht kennt, kann man leichter hassen!**
2016 gab die Hälfte der deutschen Bevölkerung an, sich durch die vielen Muslime manchmal wie ein Fremder im eigenen Land zu fühlen. 43% der Bürger sind der Meinung, Muslimen sollte die Zuwanderung nach Deutschland untersagt werden. 60% glauben, dass die meisten Asylbewerber in ihrer Heimat <u>nicht</u> wirklich verfolgt werden. 40% finden es immer noch ekelig, wenn sich Homosexuelle küssen. 21% behaupten, dass die Juden zu viel Einfluss haben (siehe auch Kapitel 9). Ca. 15 % der Deutschen sagen, dass die Weißen zu Recht führend in der Welt sind. Über 60% sagen, dass es zu viele Ausländer in Deutschland gibt. 80% der Deutschen glauben, dass härtere Strafen gegen Außenseiter und Unruhestifter, Recht und Ordnung stärken würde.

Seit ich Vegetarierin bin, bin ich ein besserer Mensch!
So wie Hitler?
Grill Meister

4 Europäische Ausländer

Im Norden Europas sind doch die, die 30 Tage im Jahr leben (Urlaub), schlechtes Wetter und Essen haben und im Gehen essen – die Kartoffelregion (z.B. wir).
Im Süden hingegen sind die, die 30 Tage im Jahr arbeiten, gutes Wetter und Essen haben und im Sitzen essen – die Tomatenregion,   **ODER???**

„Frankreich wird das einzige Land sein, dessen Fahne auf einem 300 Meter hohen Mast weht." Alexandre Gustave Eiffel

Bei meiner Umfrage die **häufigsten Begriffe** zu **Frankreich**:
<u>Baguette</u>, Wein, arrogant und Liebe

Größe: ca. 644.000 km²
Einwohnerzahl: ca. 66 Millionen
Hauptstadt: Paris
Bekannt für: Wein, Mona Lisa, Revolution
Bekannte Menschen: Napoleon Bonaparte, Louis de Funés, Nostradamus
Bauwerke: Eifelturm, Kathedrale Notre-Dame, Louvre
Essen / Getränke: Rotwein, Baguette, „Frösche", mehrere Gänge
Sonstiges: Frankreich heißt amtlich „Französische Republik"; In Frankreich dürfen Schweine nicht Napoleon heißen und es wird mit durchschnittlich knapp neun Stunden pro Tag weltweit am längsten geschlafen. Frauen ist es in Paris erst seit Januar 2013 offiziell erlaubt, Hosen zu tragen.

„Franzosen arbeiten wenig, essen viel Käse und sprechen keine Fremdsprachen!"
Die Franzosen arbeiteten z.B. 2009 1469 Stunden, die Deutschen dagegen nur 1309 Stunden. Die Deutschen konnten sich 2010 7,5 Wochen lang erholen, die Franzosen sieben Wochen lang (Eurostat, OECD, Alternatives économiques). Der meiste Käse wird in Deutschland hergestellt, mehr als in Frankreich und Italien (Direction générale des produits agricoles). In Deutschland wie in Frankreich ist die von den Jugendlichen am häufigsten gesprochene Fremdsprache Englisch (Deutschland: 92%, Frankreich: 95%). Die Franzosen sprechen noch häufig Spanisch und dann kommt auch schon Deutsch als Fremdsprache (35%).

„Panta rhei – Alles fließt" Heraklit

Bei meiner Umfrage die **häufigsten Begriffe** zu **Griechenland**:
<u>Schulden</u> (pleite, arm), Gyros, Urlaub und Akropolis

Größe:	ca. 132.000 km²
Einwohnerzahl:	ca. 11 Millionen
Hauptstadt:	Athen
Bekannt für:	Schulden, Sonne, Olympia
Bekannte Menschen:	Alexander der Große, Sokrates, Pythagoras
Bauwerke:	Akropolis, Olympiaion, Parthenon
Essen / Getränke:	Zaziki, Ouzo, Oliven mit Schafskäse, griechischer Salat
Sonstiges:	Griechen nennen sich „Hellenen" (nach griech. Mythologie

Hellen). In Griechenland gilt das Herzeigen der ausgestreckten Handfläche (unser Stopp-Zeichen) als extreme Beleidigung. Griechenland hat 6.000 Inseln, von denen nur 227 bewohnt sind und die griechische Nationalhymne hat 158 Strophen.

„Die Griechen sind total faul und tanzen lieber seit Jahrhunderten nur Sirtaki!"

Die Zahlen von Eurostat zeigen, dass die Griechen wöchentlich **mehr Stunden arbeiten** als die „fleißigen" Deutschen (z.B. 2014: 44,2 Stunden gegen 41,5).

Der Nationaltanz **Sirtaki** ist auch gar nicht so alt. Die Schrittfolge des Sirtaki wurde erstmals 1964 zur Filmmusik von Mikis Theodorakis für den Film „Alexis Sorbas" choreographiert. Angeblich sollte dem Hauptdarsteller Anthony Quinn die Darstellung erleichtert werden, weil er für griechische Tänze wenig begabt war.

„Die Engländer haben zweiundvierzig Religionen, aber nur zwei Saucen." Voltaire

Bei meiner Umfrage die **häufigsten Begriffe** zu **England**:
<u>Regen</u>, London, Queen und Fußball

Größe: ca. 130.000 km² (Großbritannien 249.000 km²)
Einwohnerzahl: ca. 54 Millionen (Großbritannien 65 Millionen)
Hauptstadt: London
Bekannt für: Beatles, Harry Potter, Fußball (Hooligans)
Bekannte Menschen: William Shakespeare, Richard Löwenherz, Lady Diana
Bauwerke: Big Ben, Tower, London Tower Bridge
Essen / Getränke: Fish & Chips, Tee, Bohnen zum Frühstück, warmes Bier
Sonstiges: London liegt südlicher als Berlin. In Rom regnet es mehr als in London. Bei der Chap-Olympiade in England gibt es Wettbewerbe im Regenschirm-Lanzenstechen, Bügelbrett-Surfen und Beschimpfen von Ausländern. Im 18. Jahrhundert war der Eintrittspreis für den Londoner Zoo ein Hund oder eine Katze, die an die Löwen verfüttert wurden. Alle in England lebenden Schwäne gehören der Königin.

England wird oft mit Großbritannien (Flagge) gleichgesetzt, auch wenn die meisten wissen, dass Schottland und Irland irgendwie was anderes ist. Wales wird meistens vergessen, weil es für viele Deutsche uninteressant ist.

„Der Tee war schon immer was typisch Englisches!"
Teepflanzen waren zunächst nur in China bekannt und das schon vor gut 5.000 Jahren. Erst 1610 erreichte der Tee Europa und zwar zuerst die Niederlande. Deshalb steht das niederländische Orange (Oranje) noch heute für königliche Qualität. Heute sind Indien und China Hauptproduzenten. Teebeutel wurden übrigens 1904 durch ein Missverständnis erfunden – Die Seidenbeutel waren von einem US-Amerikaner nur für den Transport des Tees gedacht.

„Der Schöpfer hat Italien nach Entwürfen von Michelangelo gemacht." Mark Twain

Bei meiner Umfrage die **häufigsten Begriffe** zu **Italien**:
<u>Pizza</u>, Spaghetti (Nudeln), Sonne und Mafia

Größe:	ca. 301.000 km²
Einwohnerzahl:	ca. 61 Millionen
Hauptstadt:	Rom
Bekannt für:	Mafia, Urlaub, Mittelmeer
Bekannte Menschen:	Leonardo da Vinci, Bud Spencer, Marco Polo
Bauwerke:	Petersdom, Schiefer Turm von Pisa, Kolosseum
Essen / Getränke:	Pizza, Spaghetti, Grappa, Pasta und Antipasti
Sonstiges:	85% der Italiener sind römisch-katholisch.

Die Colleoni sind ein altes oberitalienisches Adelsgeschlecht, dessen Wappen drei Paar Hoden zeigt. In Sardinien gilt ein Käse, der lebende Maden enthält, als Spezialität. In den 40er Jahren gab es Bestrebungen, Sizilien zu einem Bundesstaat der USA zu machen. Wer in Italien mit 1,5 Promille geschnappt wird, dessen Fahrzeug wird versteigert. Italien ist das Land mit den meisten Unesco-Weltkulturerbestätten.

„Die Spaghetti kommen aus Italien!"
Die Nudel stammt wohl ursprünglich aus dem fernen Osten, wo man sie bereits seit Jahrtausenden kennt. Dort ist die Palette der verschiedenen Nudelarten auch weit größer als in der italienischen Küche. Nicht nur verschiedene Formen, auch verschiedene Mehlsorten kommen zur Anwendung z.B. Mais-, Weizen-, oder Reismehl. Es gab die Geschichte, dass Marco Polo die Nudel nach Italien gebracht habe. Doch auch dies stimmt definitiv <u>nicht</u>.

„Wenn ein Spanier singt, dann aus Zorn oder er hat kein Geld."
Spanisches Sprichwort

Palma de Mallorca und Lloret del Mar sind die beiden beliebtesten Ferienorte der Deutschen und Spanien ist damit das Lieblingsauslandsziel. Bei meiner Umfrage die **häufigsten Begriffe** zu **Spanien**:
Stierkampf, Urlaub, Paella und Meer

Größe: ca. 506.000 km²
Einwohnerzahl: ca. 47 Millionen
Hauptstadt: Madrid
Bekannt für: Temperament, Urlaub mit Sonne und Meer
Bekannte Menschen: Pablo Picasso, Hernán Cortes, Salvador Dalí
Bauwerke: Kathedrale Sevilla, Alhambra, Sagrada Família
Essen / Getränke: Paella, Oliven, Tapas, Puchera montañesa
Sonstiges: Spanien heißt amtlich „Königreich Spanien". In spanischsprachigen Ländern ist die Zahnfee eine Maus. In Spanien heißt der McDrive „McAuto". König Juan Carlos I. von Spanien trägt bis heute den Titel „König von Jerusalem". 2012 startete die spanische Polizei einen Einsatz gegen Korruption mit dem Namen „Operación Pokémon".

„Der Stierkampf ist in Spanien sehr beliebt!"
Die Besucherzahlen gehen seit Jahren zurück. Die Tierschützer und mittlerweile auch viele Politiker kämpfen gegen den Stierkampf. 2015 erklärte z.B. das Kommunalparlament Palma de Mallorca zu einer „stierkampffreien Stadt". Madrids Bürgermeisterin Manuela Carmena verzichtete auf den Platz, der in „Las Ventas", der bedeutendsten Stierkampfarena der Welt, für sie auf der Ehrentribüne reserviert ist. Valencias Bürgermeister Joan Ribo kündigte an, dass die Hafenstadt keine Veranstaltungen unterstützen werde, bei denen Tiere misshandelt würden.

4.6   Käse und Tulpen

„Was macht der Niederländer nachdem er Fußballweltmeister geworden ist?" - „Er macht die Playstation aus!"

Bei meiner Umfrage die **häufigsten Begriffe** zu **Niederlande / Holland**:
Käse, Wohnwagen, Cannabis (kiffen) und Tulpen (Blumen)

Größe: ca. 42.000 km²
Einwohnerzahl: ca. 17 Millionen
Hauptstadt: Amsterdam (Regierungssitz Den Haag)
Bekannt für: Käse, Tulpen und Cannabis
Bekannte Menschen: Vincent van Gogh, Rudi Carrell, Erasmus von Rotterdam
Bauwerke: Erasmusbrücke, Anne Frank Haus, Rijksmuseum
Essen / Getränke: Käse, Fisch, Frikandel, Hollandse Nieuwe, Poffertjes
Sonstiges: Zum Königreich der Niederlande gehören die karibischen Gebiete Aruba, Curaçao und Sint Maarten. Die niederländische Fluggesellschaft KLM tankt Frittierfett. Die Niederlande schicken jährlich 20.000 Tulpen nach Kanada als Dank für deren Hilfe im Zweiten Weltkrieg. In Utrecht wurde 1885 der weltweit erste Fahrradweg gebaut.

„Das Kiffen ist in den Niederlanden erlaubt!"

Das Kaufen von Cannabis (Gras, Hasch usw.) ist auch in den Niederlande **verboten**. Der Konsum wird aber in Coffeeshops **geduldet**. Es ist also verboten, wird aber <u>nicht</u> von der Polizei verfolgt und die „Täter" bekommen <u>keine</u> Anzeige. In Coffeeshops können kleinere Mengen von „weichen" Drogen an Erwachsene verkauft werden, ohne dass jemand bestraft wird. Deutsche können auch für Straftaten im Ausland bestraft werden. Nach dem OLG Düsseldorf ist das Kiffen eines Deutschen in einem Coffeeshop grund- sätzlich <u>nicht</u> strafbar. Es wird aber jeweils im Einzelfall entschieden.

„Die Kennworte des Wieners: Wie komm denn i dazu? Es zahlt sich ja net aus! Tun S' Ihnen nix an!" Arthur Schnitzler

Bei meiner Umfrage die **häufigsten Begriffe** zu **Österreich**:
Berge, Schnitzel, Wien und Mozart

Größe:	ca. 84.000 km²
Einwohnerzahl:	ca. 9 Millionen
Hauptstadt:	Wien
Bekannt für:	Alpen, Wiener Schmäh und Schnitzel
Bekannte Menschen:	Adolf Hitler, Wolfgang Amadeus Mozart, Udo Jürgens
Bauwerke:	Hofburg, Stephansdom, Schloss Schönbrunn
Essen / Getränke:	Wiener Schnitzel, Kaiserschmarrn, Kaffee, Kasnudeln

Sonstiges: In Österreich gibt es einen Ort namens Österreich. In Österreich gibt es rund 900 unterschiedliche Titel: „Doktor" oder „Magister" aber auch etwas seltener vorkommende Titel wie „Expositus" (seelsorgerischer Vorsteher einer Expositurgemeinde im Kirchenwesen), „Obersonderkindergärtnerin" (abgekürzt „OSonderKdg.") oder „Majorveterinär" (abgekürzt „MjrVet" – ein militärischer Dienstgrad). In Österreich wurde das Originalrezept für Croissants erfunden.

„Die Wiener haben den Walzer und das Würstchen entwickelt!"

Die Geschichte des Wiener Walzers beginnt mit seiner erstmaligen Erwähnung 1797 in Breslau. Der Begriff Wiener Walzer wurde in Wien selbst erst 1807 erstmals verwendet.
Das Würstchen soll der Metzger Johann G. Lahner aus Frankfurt nach Wien gebracht haben. Dort wurden die Frankfurter abgewandelt. Die Wiener Variante war geboren. Ergebnis: Die Würstel in Wien heißen nun „Frankfurter" und in Frankfurt „Wiener".

„In den rauen Bergen schlagen milde Herzen.“ Heinrich Federer

Bei meiner Umfrage die **häufigsten Begriffe** zu **Schweiz**:
<u>Banken</u>, Berge, Schokolade und Uhren

Größe: ca. 41.000 km²
Einwohnerzahl: ca. 8 Millionen
Hauptstadt: Bern (Regierungssitz)
Bekannt für: Heidi, Steuerparadies, Ricola, Taschenmesser
Bekannte Menschen: Friedrich Dürrenmatt, Jean-Jacques Rousseau, DJ Bobo
Bauwerke: Roche-Turm, Prime Tower, Berner Münster
Essen / Getränke: Käse, Schokolade, Raclette, Fondue, Rösti
Sonstiges: Brathühner heißen in der Schweiz „Mistkratzerli“. Arme Ritter heißen in der Schweiz „Fotzelschnitten“. Die Schweiz exportiert mehr Kaffee als Käse und Schokolade. „Hurengut“ („Huere gut“) bedeutet in der Schweiz „sehr gut“. Ueli Maurer, 2013 Schweizer Bundespräsident, kann 40 Grassorten am Geschmack erkennen. Die Schweiz hat für 114% der Bevölkerung Bunkerplätze. Schwyz ist eine Gemeinde im Bezirk Schwyz im Kanton Schwyz in der Schweiz. Der Werbespot von Milka wurde 1996 in Argentinien gedreht, weil die Berge dort mehr nach Alpen aussehen.

„Die Schweizer sind so langsam!“
Die Schweizer Firma Weber Sportcars stellt einen Sportwagen mit 900 PS und über 400 km/h her. 2014 holte die Schweiz bei den olympischen Winterspielen sechsmal Gold. Sie waren die Schnellsten im Langlauf, im Skiathlon, im Frauen-Abfahrtslauf, in der Halfpipe, bei der Super-Kombination und im Riesenslalom. 2015 brach der 96-jährige Dr. Charles Eugster den Hallen-weltrekord über 200 Meter seiner Altersgruppe. Sommer-Olympiade 2016: die Schweizer waren hier die Schnellsten beim Rudern und Radeln.

„Wer fragt, sucht die Wahrheit." Polnisches Sprichwort

Bei meiner Umfrage die **häufigsten Begriffe** zu **Polen**:
<u>klauen</u> (Diebe), Alkohol, katholisch und Freunde/Familie

Größe: ca. 313.000 km²
Einwohnerzahl: ca. 39 Millionen
Hauptstadt: Warschau
Bekannt für: Gastfreundschaft, Schwarzmarkt, Bier
Bekannte Menschen: Marie Curie, Nikolaus Kopernikus, Johannes Paul II
Bauwerke: Wawel-Kathedrale, Breslauer Dom, Kirchenruine von Hoff
Essen / Getränke: Bigos, Soljanka, Barszcz, Pierogi, Wodka
Sonstiges: Himalayasalz wird nicht im Himalaya, sondern im Salzgebirge in Pakistan sowie in Polen abgebaut. In Polen „googlować" man, wenn man etwas wissen möchte. In Polen haben die Menschen keine Zehen. Sie haben zehn Finger an der Hand und zehn Finger am Fuß.

„Die sind doch alle kriminell in Polen!"

Es wurde in Europa der Anteil der Bevölkerung ermittelt, welcher innerhalb eines Jahres Opfer einer Straftat wurde. Die meisten Opfer hat London mit 32%. Damit ist London gefährlicher als New York und Istanbul. Berlin ist auf Platz 11 mit 19%. Warschau ist gar nicht unter den Top-Zwanzig. Auch bei den gefährlichsten EU-Staaten ist Polen „nur" auf Platz 9 kurz vor Deutschland (Nr. 10). Platz 1 hat Irland.
Die organisierte Kriminalität im Bereich Kinderprostitution steigt allerdings jährlich in Polen an. Der größte Markt ist hier der „Sex-Tourismus". Hauptkunden sind dabei <u>Deutsche</u>, gefolgt von Schweden und Italienern.

5   Die große weite Welt

„Ein Urteil lässt sich widerlegen, aber niemals ein Vorurteil."
Marie Freifrau von Ebner-Eschenbach

Wenn auf der Erde 100 Menschen leben würden:
wären 60 Asiaten – 15 Afrikaner – 14 Amerikaner – 11 Europäer
wären 33 Christen – 21 Muslime – 14 Hindus – 6 Buddhisten – 16 ohne Religion
sprächen 12 chinesisch – 6 spanisch – 5 englisch – 4 hindi – 3 arabisch
wären 86 des Schreibens mächtig – 21 übergewichtig – 15 untergewichtig
hätten 87 sauberes Wasser – 77 ein Zuhause – 75 ein Telefon – 44 Internet
1 Person hätte über 50% des Geldes – 6 bekämen 1.500 $ und mehr im Monat
85 bekämen weniger als 600 $ im Monat – 15 davon weniger als 60 $ im Monat

Fläche:
Die Erde hat fast 150.000.000 km² Landoberfläche (29,3% der Erdoberfläche).
Platz 1: Russland mit 17.000.000 km²
Platz 2: Canada mit 10.000.000 km²
Platz 3: USA mit 9.800.000 km²
Platz 63: Deutschland mit 360.000 km²
letzter Platz: Vatikanstadt mit 0,44 km²

Bevölkerung:
Auf der Erde leben rund 7,4 Milliarden Menschen (ca. 60% leben in Asien).
Platz 1: China mit 1,4 Milliarden Einwohner
Platz 2: Indien mit 1,3 Milliarden Einwohner
Platz 3: USA mit 0,3 Milliarden Einwohner
Platz 17: Deutschland mit 0,081 Milliarden Einwohner (81 Millionen)
letzter Platz: Vatikanstadt mit 800 Einwohnern

Bevölkerungsdichte:
Die Erde beherbergt im Durchschnitt so 49 Einwohner pro km² Land.
Platz 1: Macau mit 21.169 Menschen pro km²
Platz 2: Monaco mit 15.267 Menschen pro km²
Platz 3: Singapur mit 8.141 Menschen pro km²
Platz 17: Deutschland mit 226 Menschen pro km²
letzter Platz: Mongolei mit 2 Menschen pro km²

„Drüben ist nicht der Platz, Bescheidenheit und Zurückhaltung zu lernen." Theodor Fontane

Bei meiner Umfrage die **häufigsten Begriffe** zu **USA**:
<u>Arroganz</u>, Macht, Waffen und Burger

Größe: ca. 9.800.000 km²
Einwohnerzahl: ca. 322 Millionen
Hauptstadt: Washington
Bekannt für: Freiheit, Waffen, Kampf gegen den Terror
Bekannte Menschen: Elvis Presly, Walt Disney, Abraham Lincoln
Bauwerke: Freiheitsstature, Empire State Building, Weißes Haus
Essen / Getränke: Der Cheeseburger ist die häufigste Henkersmahlzeit
Sonstiges: In Kalifornien liegt der Ort Zzyzx. Im US-Bundesstaat Texas gibt es eine Stadt namens „Merkel". Die kalifornische Stadt Sunol hatte von 1981 bis 1994 einen Hund als Bürgermeister. Der Chef der NSA ließ sein ehemaliges Büro wie die Brücke des Raumschiffs Enterprise einrichten. Ca. 50 Millionen US-Amerikaner haben deutsche Vorfahren.

„USA ist doch der größte Teil von Amerika!"
Sagt jemand in Deutschland, dass er nach Amerika fliegt, meint er zu 99,99% damit die USA. Dabei ist allein in Nordamerika Kanada flächenmäßig größer als die USA. Und Mexiko mit 120 Millionen Einwohner ist ja auch <u>nicht</u> so klein.
Und dann ist ja noch das *kleine* Anhängsel im Süden – Südamerika. Dieser Kontinent ist doppelt so groß wie die USA und hat fast 100 Millionen Einwohner mehr als die USA. Doch die Medien und auch die Lehrpläne in den Schulen setzen da klare Prioritäten. Ich musste in der Schule alle Bundesstaaten der USA lernen, hatte aber <u>keine</u> Ahnung wo Venezuela oder Afghanistan liegen.

„Groß ist das heilige russische Land, aber die Wahrheit hat nirgends Platz." Russische Weisheit

Bei meiner Umfrage die **häufigsten Begriffe** zu **Russland**:
<u>Putin</u>, Wodka, Diktatur und Moskau

Größe:	ca. 17.075.000 km² (mit Krim 17,1 Mill.)
Einwohnerzahl:	ca. 142 Millionen (mit Krim 147 Mill.)
Hauptstadt:	Moskau
Bekannt für:	Kommunismus, Korruption, Matrjoschka
Bekannte Menschen:	Leo Tolstoi, Peter der Große, Juri Gagarin
Bauwerke:	Kreml, Basilius-Kathedrale, Lenin-Mausoleum
Essen / Getränke:	Wodka, Borschtsch, Kaviar, Sakuski

Sonstiges: Sotschi an der Schwarzmeerküste befindet sich auf dem gleichen Breitengrad wie Nizza und ist die wärmste Stadt, in der jemals Olympische Winterspiele ausgetragen wurden. Das Klima dort ist subtropisch, überall wachsen Palmen. Die kürzeste Entfernung zwischen Russland und den USA beträgt vier Kilometer. Bis 2011 galt Bier <u>nicht</u> als alkoholisches Getränk. Ein Wodka, ein Berg, die Hauptfigur in einem Browserspiel und eine Straße in Betlehem wurden nach Putin benannt. Seit 2014 ist das Tragen von Spitzenunterwäsche <u>nicht</u> erlaubt.

„Russische Frauen wollen gerne Deutsche heiraten und bieten sich deshalb im Katalog an!"
Der Anteil der Frauen, die in Russland Karriere machen möchten und sich für Politik interessieren wächst täglich. Den Statistiken zufolge wollen weniger als 0,5% der ledigen oder geschiedenen russischen Frauen einen Ausländer heiraten. Die recht schlechte Sozialversorgung und die Unterdrückung in zu vielen Familien machen aber einige Frauen zu idealen Opfern, die sich dann im „Bestellkatalog" auf einem deutschen Single-Nachttisch oder auf der *Straße* wiederfinden.

„Schuldgefühl ist immer eifersüchtig." Chinesische Weisheit

Bei meiner Umfrage die **häufigsten Begriffe** zu **China**:
<u>Reis</u>, Diktatur, Mauer und viele Menschen (Massen)

Größe:	ca. 9.571.000 km²
Einwohnerzahl:	ca. 1.367 Millionen
Hauptstadt:	Peking
Bekannt für:	Lächeln, Kung Fu, Raubkopien
Bekannte Menschen:	Konfuzius, Jackie Chan, 14. Dalai Lama (Tenzin Gyatso)
Bauwerke:	Chin. Mauer, Verbotene Stadt, Mausoleum Qin Shihuangdis
Essen / Getränke:	Reis, Peking-Ente, Huntung, Frühlingsrolle, süß-sauer
Sonstiges:	In China verwendet die Polizei Gänse als „Wachhunde".

In China gibt es mindestens elf zusätzliche Harry-Potter-Bände, angeblich von J.K. Rowling „exklusiv für den chinesischen Markt" geschrieben. „Panda-Diplomatie" bezeichnet die Praxis der Volksrepublik China, zur diplomatischen Annäherung an andere Länder Pandabären zu verschenken. In Teilen Chinas wird Katzen- und Schlangenfleisch in einer Speise namens „Drache und Tiger kämpfen miteinander" serviert. Das Verbreiten von Gerüchten im Internet kann in China mit bis zu drei Jahren Haft bestraft werden. Seit 2013 gibt es ein Gesetz („Protection of the Rights and Interests of Elderly People"), dass erwachsene Kinder ihre Eltern „oft besuchen" und sie regelmäßig kontaktieren müssen.

„Made in China = schlechte Qualität!"
China produziert viele Billigprodukte und Raubkopien. Aber auch die meisten teuren Elektronik- und Kleidungshersteller produzieren hier. Egal ob Burberry, Apple, Hugo Boss usw. - Sie lassen alle einen Großteil in China herstellen. Durch die schlechten Arbeitsbedingungen und die sehr niedrigen Löhne „lohnt" es sich für die Firmen.

„Aus einem Irrtum wird keine Wahrheit, auch wenn man ihn noch so weit verbreitet, und aus einer Wahrheit wird kein Irrtum, auch wenn kein Mensch sie sieht." Mahatma Gandhi

Bei meiner Umfrage die **häufigsten Begriffe** zu **Indien**:
<u>Armut</u>, Kühe, Bollywood und Curry

Größe:	ca. 3.287.000 km²
Einwohnerzahl:	ca. 1.211 Millionen
Hauptstadt:	Neu-Dehli
Bekannt für:	Bollywood, Yoga, Ayuveda, bunte Stoffe
Bekannte Menschen:	Mahatma Gandhi, Salman Rushdie, Vivien Leigh
Bauwerke:	Taj Mahal, Rotes Fort, Humayun-Mausoleum
Essen / Getränke:	Reis, Brot, Curry, Kokosmilch, vegetarisch oder Huhn
Sonstiges:	Einen Baum zu heiraten ist ein alter indischer Brauch.

„Anal" ist eine Sprache, die in Indien und Myanmar von 23.000 Menschen gesprochen wird. 550 Millionen Menschen haben in Indien keine eigene Toilette.

Das **Spinnrad** gilt als Symbol für die wirtschaftliche und später auch politische Unabhängigkeit von Indien gegenüber Großbritannien. Mahatma Gandhi etablierte das Symbol für den Widerstand, weil dadurch die Inder erstmal wieder selbstständig Geld verdienen konnten und nicht auf die Produkte aus Großbritannien angewiesen waren. Beim „Salzmarsch" lief Gandhi mit Anhängern 200 km zum Meer. Er protestierte gegen die Kontrolle und die Steuern der Briten. Arme Menschen konnten sich kaum Salz leisten. Die Soldaten schlugen diese Inder mit ihren Schlagstöcken nieder. Kein Inder wehrte sich dagegen. Dieser **gewaltlose** Widerstand machte Gandhi berühmt.

„Hakuna Matata" - afrikanische Weisheit, berühmt geworden durch den Zeichentrick-Film „König der Löwen"

Afrika hat zwar 55 Staaten und trotzdem ist das für die meisten Deutschen alles das Gleiche. Hier z.B. die Antwort auf die Frage meiner Frau, ob die Trommeln aus Kenia seien: „Nein, aus Afrika!"

Bei meiner Umfrage die **häufigsten Begriffe** zu **Afrika**:
Armut (Hunger), Wüste, schwarz und wilde Tiere (Löwe, Zebra, Giraffe, Elefant)

Größe:	ca. 30.200.000 km²
Einwohnerzahl:	ca. 1,1 Milliarden
Hauptstadt:	Es gibt 55 Hauptstädte, da Afrika aus 55 Staaten besteht
Bekannt für:	Löwen, Pyramiden und Wüste
Bekannte Menschen:	Nelson Mandela, Kleopatra VII, J.R.R Tolkien
Bauwerke:	Pyramiden, Ponte City, Hassanturm, Fort Jesus
Essen / Getränke:	Couscous, Falafel, Braaiv, Fladenbrot Injera, Fufu, Dörrobst
Sonstiges:	Es gibt über 2.000 afrikanische Sprachen. „Südwester-

deutsch" in Namibia ist eine abgewandelte Form der deutschen Sprache. „Hunde" ist eine Sprache im Kongo. Im Tansania gibt es eine Insel namens „Mafia" und „Porno" ist ein Ort in Nigeria. 1949 war Ägypten Basketball-Europameister und Kairo hat fast 16 Millionen Einwohner.

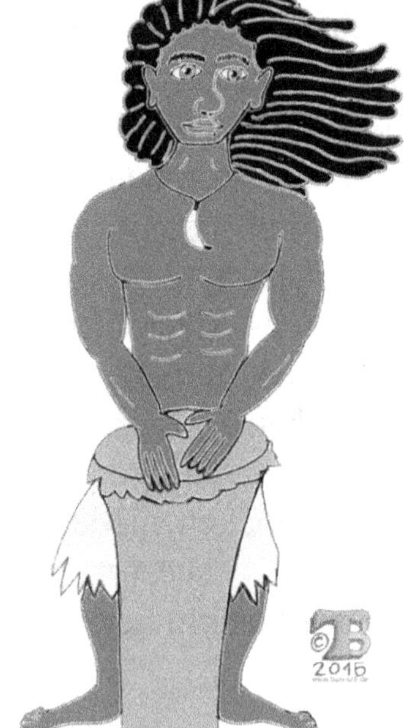

„Afrika ist doch fast nur trockener Wüstensand!"
Nur 20% der Wüste Sahara sind mit Sand und gerade mal 40% von Afrika sind mit Wüsten bedeckt. Der Rest sind Savannen, Städte und Waldgebiete. Allein der Regenwald im Kongo-Becken ist fünfmal größer als Deutschland. Auch der drittgrößte See der Welt liegt in Afrika (Victoriasee mit 68.870 km²) und der längste (oder zweitlängste) Fluss der Welt (Nil mit 6.700 km). Außerdem hat Afrika acht Berge über 4.000 m.

„Zuviel Sonnenschein bringt Wüste." Australische Weisheit

Bei meiner Umfrage die **häufigsten Begriffe** zu **Australien**:
<u>Känguru</u>, Ureinwohner (Aborigines), surfen und Krokodile

Größe: ca. 7.692.000 km²
Einwohnerzahl: ca. 24 Millionen
Hauptstadt: Canberra
Bekannt für: P. Sherman 42 Wallaby Way Sydney, Crocodile Dundee
Bekannte Menschen: Hugh Jackman, Kylie Minogue, Geoffrey Rush
Bauwerke: Sydney Oper, Sydney Brücke, Melbourne Rialto Towers
Essen / Getränke: Meat Pie, Känguru, Emu, Krokodil- und Straußenfleisch
Sonstiges: Australische Beutelmaus-Männchen sterben nach der
Paarungszeit aufgrund von Erschöpfung. Würde man jeden Tag einen anderen
Strand in Australien besuchen, würde es 27 Jahre dauern, bis man alle gesehen
hat. 84% der Säugetiere in Australien sind nur dort ansässig. In einem
Volksentscheid haben 70.000 Menschen ihre Religionsangehörigkeit mit „Jedi"
angegeben, was ausreichte, um diese staatlich anzuerkennen.

„Da gibt es fast nur gefährliche Tiere!"

In den Tierdokumentationen von Australien
sieht man Haie, Spinnen, Schlangen und
Krokodile. *Also ist da alles gefährlich, außer
dem Känguru!?* Es gibt dort auch sechsmal
mehr Schafe als Menschen, über 150.000.000.
Außerdem hat Australien so viele Kamele, dass
sie welche nach Saudi Arabien exportieren.
Mehr als die Hälfte an Walen und Delfinen
schwimmen in australischen Gewässern.
Australien hat auch die größte Rinderfarm der
Welt - sie ist fast so groß wie Belgien. Nicht zu
vergessen sind die „harmlosen" Wombats,
Koalas, Schnabeltiere usw. usw. usw.

6   In-Ausländer

„Ausländisch: aus einem anderen, zweitklassigen Land.“
Ambrose Gwinnett Bierce

„Kanake" wird weiterhin als Schimpfwort verwendet, meist gegen türkisch-stämmige Menschen. Ursprünglich stammt das Wort „Kanake" vom Wort „kanaka maoli", einer hawaiischen Bezeichnung für Mensch.
Interessant ist, dass die Begriffe „Kanake" und „Ausländer" fast nur für Menschen mit dunklen Haaren (Ursprungsländer Türkei, Italien, arabischer Raum usw.) verwendet werden. Bei Österreichern, US-Amerikanern oder Briten hört man dies fast gar nicht.

Schon in den 50er Jahren wurde durch Arbeitskräftemangel **Gastarbeiter** hauptsächlich aus Italien und der Türkei angeworben. 1964 betrat der 1.000.000 Gastarbeiter das Land. Die Idee: Die kommen nach Deutschland, arbeiten hier einige Jährchen und gehen in ihr Land zurück. Doch daraus wurden oft Jahrzehnte und die Arbeiter und ihre Familien bauten sich ihre Existenz auf. Der Großteil kann sich eine Rückkehr gar nicht mehr vorstellen.

89% der in Deutschland lebenden Menschen haben die deutsche Staatsbürgerschaft. 2015 lebten laut Statistischem Bundesamt rund 9,1 Millionen Ausländer in Deutschland. Die größte Gruppe sind die 1.506.113 türkischen Staatsangehörigen. Aus der EU leben hier rund 2,4 Millionen Menschen. Pro Jahr erwerben rund 110.000 Menschen die deutsche Staatsbürgerschaft (2015: 107.181 Personen / 2012: 112.348 Personen). Seit 1990 sind allein 2,3 Millionen Aussiedler eingewandert, die per Status sofort die deutsche Staatsangehörigkeit erhielten. Insgesamt ergibt sich ein Gesamtanteil der Bevölkerung mit Migrationshintergrund von etwa 18,7% (15,4 Millionen Menschen).

„Wenn früher 100 Weiße einen Schwarzen verfolgt haben, nannte man es Ku-Klux-Klan. Heute heißt es Golf." Tiger Woods

Bei meiner Umfrage die **häufigsten Begriffe** zu **Schwarze (Menschen)**: <u>Afrika</u>, Sport, Rhythmus (Musik) und großer Penis

Schon seit den 40er Jahren zeigen US-Studien, dass Menschen mit dunkler Haut negativ bewertet werden. Selbst dunkelhäutige Mädchen glaubten, dass hellhäutige Puppen die „besseren" **Puppen** seien. Die belgische Wirtschaftswissenschaftlerin Marianne Bertrand schickte fast identische Bewerbungen ohne Foto an US-Unternehmen. Einmal waren es eher typisch klingende Namen für Schwarze (z.B. Jamal Jones) und die anderen waren eher typisch klingende Namen für „Weiße" (z.B. Brendan Baker). Ergebnis: die „weißen Namen" erhielten 50% mehr Einladungen zum Vorstellungsgespräch.

Der Soziologe Devah Pager ermittelte sogar, dass „weiße" Bewerber mit Vorstrafe häufiger zu **Vorstellungsgesprächen** (17%) eingeladen wurden als „Schwarze" ohne Vorstrafe (14%). „Schwarze" mit Vorstrafe wurden nur zu 5% zu Gesprächen eingeladen.

In verschiedenen Versuchen (u.a. Z. Kunda / P. Thagard) wurde herausgefunden, dass Berührungen mit dem **Ellbogen** ausgeführt von Weißen eher als „Stupser" und von Schwarzen eher als „Stoß" wahrgenommen werden.

Bei von der **Polizei** angehaltenen Fahrern in den USA wurden Schwarze (22%) und Latinos (17%) häufiger durchsucht als Weiße (8%). Ian Ayres fand heraus, dass Schwarze auch mehr für Autos zahlen müssen als Weiße. Schwarze bekommen weniger Trinkgeld als Taxifahrer. Michael Lynn fand heraus, dass auch schwarze Kellnerinnen weniger Trinkgeld bekommen, auch von Schwarzen. C.O. Word konnte nachweisen, dass weiße und schwarze Menschen anders in Interviewgesprächen behandelt wurden. Die Interviews mit den Weißen waren länger, der Sitzabstand war näher und dem Interviewer unterliefen weniger Sprachfehler.

Am Computer (z.B. J. Correll 2002) sollten Probanden auf bewaffnete Menschen schießen und auf unbewaffnete Menschen <u>nicht</u> schießen. Unbewaffnete schwarze Menschen wurden signifikant häufiger „aus Versehen" **erschossen** als unbewaffnete Weiße.

Auch wenn ich krank bin, lasse ich mich nicht von dem Bimbo da anpacken!
Keine Angst, der Herr Professor behandelt nur Privatpatienten.
© B 2015
www.baensch.de

„Das Ergebnis mancher gründlichen Untersuchung steht fest – bevor sie angestellt wird." Oscar Wilde

Ausländer und Waffen – eine Koexistenz oder eine Symbiose. Es scheint ja ein beliebtes Vorurteil zu sein, welches bei rechten Jugendlichen und auch im Fernsehen immer wieder gerne genommen wird. Auch heißt es ja, dass die Ausländer die ganzen Waffen mit in unser Land bringen würden. Also müssten ja die Straftaten z.B. mit Schusswaffen zugenommen haben, da die Anzahl der Migranten in den letzten Jahren zugenommen hat.

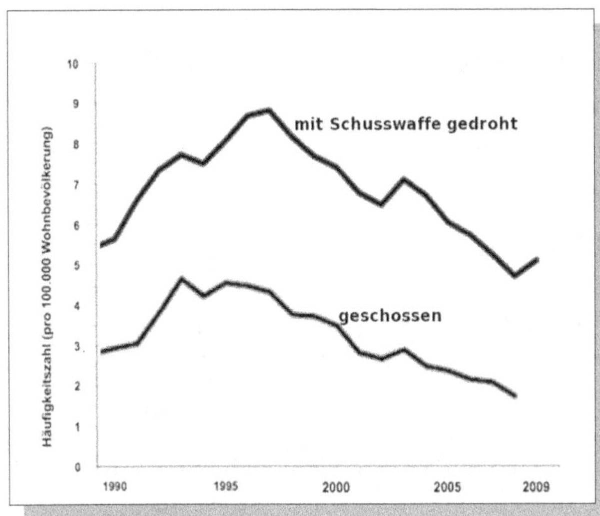

Die Straftaten mit Schusswaffen sinken aber anscheinend die letzten 15 Jahre. Statistisch gesehen leben aber heute mehr Personen mit Migrationshintergrund in Deutschland als noch vor 15 Jahren. Also gibt es statistisch gesehen einen klaren Zusammenhang zwischen Schusswaffen und Ausländern:

Je mehr Ausländer im Land, desto weniger Straftaten mit Schusswaffen!

Trotzdem wirken Ausländer auf viele Deutsche bedrohlich. Woran liegt das? Viele ausländische Männer *(teilweise auch Frauen)* kennen wir mit dunklen Bärten. Verschiedene wissenschaftliche Untersuchungen zeigten, dass glattrasierte Männer in der westlichen Welt ehrlicher und freundlicher wirken.

Auch werden nach diversen Studien Menschen mit arabischem Aussehen eher angezeigt, von Ladendetektiven beobachtet oder von Polizisten angehalten oder durchsucht. Dies führt dann auch schon zum nächsten Vorurteil:

„Für dich sind echte Menschen nur die Menschen, die so denken und
so aussehn wie du. Doch folge nur den Spuren eines Fremden,
dann verstehst du, und du lernst noch was dazu. "
Lutz Riedel: „Das Farbenspiel des Winds" aus Disneys Pocahontas

Denkst du bei **Ausländerkriminalität** auch direkt an:
• schwedische Touristen, die hier mal betrunken rumpöbeln;
• US-Geschäftsreisende, die einen Verkehrsunfall mit Verletzten verursachen;
• randalierende Fußballfans aus Österreich;
• eifersüchtige französische Exfreundinnen, die am Autolack entlang kratzen;
• britische Austauschschüler, die hier mit ihren deutschen Freunden kiffen;
• thailändische Studenten, die betrunken Auto fahren;
• Flüchtlinge mit Residenzpflicht, die die Familie in einem anderen Ort besuchen;
• chinesische Unternehmer, die hier Steuern hinterziehen?
Nein???
Die Bilder in den Köpfen sind meist eher die schwarzen Drogendealer, die
„Islamisten" oder die rumänischen Diebe. Betrachten wir mal die Nationalität bei
den Straftaten: 2015 gab es 1.456.078 deutsche Verdächtige (deutsche
Bevölkerung 71,8 Mill.). **2%** der Deutschen sind einer Straftat verdächtig.
Es gab 555.820 nichtdeutsche Verdächtige (nichtdeutsche Bevölkerung 11,2
Mill.). **5%** der Nichtdeutschen sind nach dieser Rechnung tatverdächtig.
Anscheinend sind also ausländische Menschen öfter straffällig als Deutsche.

<u>Doch diese Rechnung ist falsch!!!</u>

Ich wiederhole: Diese Rechnung ist **falsch**, auch wenn es viele Menschen gerne so
sehen würden. Warum ist diese Rechnung falsch?

1. Es befinden sich **unerlaubt in Deutschland aufhaltende Menschen,** die
   ebenfalls Straftaten begehen. Es gab 2015 z.B. 154.188 illegale Einreisen
   und 312.162 Tatverdächtige, die sich unerlaubt in Deutschland aufhielten.
2. Es befinden sich in Deutschland auch **ausländische Menschen, die hier**

nicht gemeldet sind, z.B. Touristen, Besucher, Durchreisende, Geschäftsleute, Studenten, Sprachschüler, usw. Und davon gibt es Unzählige. *Laufen Sie z.B. mal durch Heidelberg.*

3. Das Kriminologische Forschungsinstitut Niedersachsen (KFN) fand heraus, dass das **Anzeigeverhalten** sehr unterschiedlich ist. In 19,5% der Körperverletzungen zeigt ein „deutsches Opfer" einen „deutschen Täter" an. In 29,3% der Fälle wird ein „Migrant-Täter" vom „deutschen Opfer" angezeigt. „Migranten-Opfer" zeigen nur in 18,9% der Fälle „deutsche Täter" und in 21,2% der Fälle „Migranten-Täter" an.

4. Die **Verurteilungsquote** von ausländischen Tatverdächtigen ist im Durchschnitt geringer als die von deutschen Tatverdächtigen. Die meisten Statistiken beruhen auf der Anzahl der Tatverdächtigen. Wenn die Statistiken auf der Anzahl verurteilter Menschen beruhen würden, wäre das Bild schon anders.

5. Körperverletzungen haben sehr oft etwas mit **übersteigerter Männlichkeit** zu tun. Das KFN stellte bei 25% der Migranten-Jugend einen fest verankerten Männlichkeitswahn fest. Bei deutschen Jugendlichen sind es ca. 5%.

6. Es gibt **Ausländerstraftaten**, die können Deutsche gar nicht begehen. Nur Ausländer können z.B. gegen das Asylrecht oder das Aufenthaltsgesetz verstoßen. 2015 waren es 232.348 Fälle von unerlaubten Aufenthalt und 402.741 ausländerrechtliche Verstöße.

7. Menschen mit Migrationshintergrund leben öfter in **Großstädten**, sind **jünger**, häufiger **männlich** und kommen oftmals aus **sozialen Schichten** mit niedrigerem Einkommen und geringerer Bildung. Auch sind sie mehr auf **Förderschulen** vertreten. Diese Punkte führen nach kriminalistischen Untersuchungen eher zu Straftaten. Die Nationalität ist hier unerheblich.

Untersuchungen zeigen, wenn die Grundbedingungen gleich sind (Finanzen, Schulbildung, Stadtteil usw.), ist der Inhalt des Passes völlig unerheblich. Dann ist die prozentuale Verteilung bei Straftaten identisch. Es hängt also nicht von der Herkunft, der Religion, der Nationalität, der Haut-, Augen- oder Haarfarbe ab, wie wahrscheinlich es ist, dass derjenige eine Straftat begeht.
Es gibt sogar Menschengruppen mit ausländischem Pass, die statistisch gesehen viel, viel weniger Straftaten als Deutsche begehen, z.B. Japaner in Düsseldorf. *Wenn AfD und Co fordern, dass sich Ausländer anpassen sollen, sollen die dann mehr Straftaten begehen?*

„Ist das einer von uns oder ein Fremder? So überlegen nur Schwachsinnige!" Indische Weisheit

Jugendliche mit Migrationshintergrund haben tendenziell eine schlechtere Schulbildung und weniger oft einen Berufsabschluss. Im Gegenzug stammen aber auch die besten „deutschen Schüler" aus Vietnam. Doch auch insgesamt verbessert sich die Situation. Die Anzahl von Hochschulabschlüssen bei Migranten hat sich seit den 1990er auf 22% verdoppelt.

Doch trotzdem ist es schwierig für Menschen mit **Migrationshintergrund** eine Stelle zu bekommen. 2014 wurden in Deutschland 1.794 Bewerbungen für die Bereiche Bürokaufmann und Kfz-Mechatroniker versendet. Es gab zwei identische Bewerbungen, die eine geschrieben von Tim und die andere von Hakan. Tim wurde auffallend öfter zu Vorstellungsgesprächen eingeladen, öfter telefonisch kontaktiert und öfter gesiezt.

Gerade **Muslime** haben Probleme auf dem Arbeitsmarkt. Bei einer Studie zu den Ausbildungschancen von Jugendlichen in Deutschland gaben 15% der Firmen an, Jugendliche mit islamischen Glauben bewusst nicht zu berücksichtigen. Fast 35% lehnen kopftuchtragende Muslima als Auszubildende prinzipiell ab.

Und einen deutschen Ausweis zu bekommen ist auch <u>nicht</u> so einfach. Hier einige der über 300 Fragen aus dem **deutschen Einbürgerungstest**:

Wer wählt den Bundeskanzler / die Bundeskanzlerin? (Volk ist falsch!)

Was versteht man unter dem Recht der „Freizügigkeit" in Deutschland?

Was für eine Staatsform ist Deutschland? (Demokratie, Bundes- oder Sozialstaat sind falsch!)

Die Zusammenarbeit von Parteien zur Bildung einer Regierung nennt man?

Womit finanziert der deutsche Staat die Sozialversicherung?

Wer beschließt in Deutschland ein neues Gesetz? (Regierung ist falsch!)

Wer wird meistens zum Präsidenten / zur Präsidentin des Bundestages gewählt?

Wer ernennt die Minister der Bundesregierung? (Kanzler / Regierung sind falsch!)

Wer schrieb den Text zur deutschen Nationalhymne?

Deutschland hat einen dreistufigen Verwaltungsaufbau. Wie heißen die Stufen?

Was ereignete sich am 17. Juni 1953 in der DDR?

Wie viele „richtige" Deutsche können diese Fragen wohl beantworten?

Solche Leute da haben meinen Job wegge-
nommen und jetzt bekomme ich Hartz IV!!!
Döner Kebab
Du hattest eine Döner-Bude???

„Der gesunde Menschenverstand ist nur eine Anhäufung von Vorurteilen, die man bis zum 18. Lebensjahr erworben hat.“
Albert Einstein

Einerseits leben die Ausländer nur auf unsere Kosten, andererseits nehmen sie unsere Arbeitsplätze weg. ***Das ist schon eine Leistung!!!***

„Die Ausländer leben nur von Sozialleistungen!“
Allein an GEZ-Gebühren zahlen Türkischstämmige in Deutschland jährlich 325 €. 2013 zahlte Deutschland 33 Milliarden Euro an Hartz-IV-Empfänger. 26,8 Milliarden an Deutsche, 1,7 Milliarden an EU-Ausländer und 5 Milliarden an Nicht-EU-Ausländer.
Das österreichische Wirtschaftsforschungsinstitut berechnete 2009, dass jeder ausländische Haushalt im Durchschnitt 2.391 € weniger an Sozialleistungen erhält als österreichische Haushalte.
Im November 2014 hat im Auftrag der Bertelsmann Stiftung das Zentrum für Europäische Wirtschaftsforschung berechnet, dass jeder Ausländer in Deutschland im Durchschnitt 3.300 € mehr einbringt, als er den Staat kosten würde.
Demnach wäre Zuwanderung gut für die Sozialkassen. *(Das scheint ja vielen so wichtig zu sein!)*

„Die Ausländer wollen gar nicht arbeiten!“
Grundsätzlich gilt Anwerbestopp, der Ausländern den Zugang zum Arbeitsmarkt erschwert. Zuerst werden geeignete Deutsche oder Bürger mit Arbeitnehmerfreizügigkeit eingestellt. Erst wenn da niemand gefunden wurde, wird auf Angehörige aus Drittstaaten zurückgegriffen.
Nach Studien in EU-Ländern haben Migranten meist eine schlechte oder keine Ausbildung. Sie haben schlechtere Chancen auf dem Arbeitsmarkt und sind die ersten, die bei Krisen entlassen werden.
Durch die schlechteren Chancen auf dem Arbeitsmarkt (siehe Kapitel 6.4) machen sich eine ganze Menge Migranten selbstständig. Jeder sechste Selbstständige in Deutschland hat ausländische Wurzeln. Diese 750.000 Menschen schaffen damit 2.200.000 Arbeitsplätze.

7 Islam (-isten)

*„Es gibt Arschlöcher, die behaupten an Gott zu glauben und es gibt
Arschlöcher, die behaupten an Allah zu glauben. Das hat aber mit
Religion nichts zu tun. Ein Arschloch ist ein Arschloch, fertig aus!"*
Volker Pispers

Nach einigen *Stammtischen* gibt es die „Islamisten" (s. Kapitel 1.5) mit
Sprengstoff und die gemäßigten „Islamisten" ohne Sprengstoff. Die werden dann
„Moslems" genannt. Bei meiner Umfrage die **häufigsten Begriffe** zum **Islam**:
<u>Kopftuch</u>, Moschee, Ramadan und Terror

Was ist der Islam?
Islam leitet sich aus dem Arabischen ab und bedeutet soviel wie Unterwerfung
(unter Gott). Der Prophet Mohammed (570 - 632) erhielt gegen 610 vom Engel
Gabriel einen Verkündigungsauftrag. Zunächst in der Familie und dann in der
Öffentlichkeit verkündigte der Prophet dann das Wort Gottes. Heute ist der Islam
mit 1,6 Milliarden Anhängern die zweitgrößte Weltreligion (Christentum 2,26
Milliarden), wovon 20% aus dem arabischen Raum kommen.

Der Islam stützt sich auf fünf Säulen (Hauptpflichten):
- Schahāda (Glaubensbekenntnis)
- Salāt (Pflichtgebete)
- Zakāt (Almosengabe)
- Saum (Fasten im Ramadan)
- Haddsch (Pilgerfahrt nach Mekka)

Es gibt verschiedene Richtungen im Islam:
- Sunniten (90% d. Muslime / 4 Rechtsschulen)
- Schiiten (beziehen sich auf Kalifen Ali)
Es gibt aber noch unzählige Glaubensrichtungen und
Strömungen (z.B. Zayditen, Drusen, Babismus, Aleviten,
Ibaditen, Sufisten, Ismaeliten, Salafisten, Charidschiten
und Ahmadiyya).

„Es gibt unter dem Himmel keine grausameren und kühneren Schurken als die Türken, welche kein Alter oder Geschlecht verschonen und gnadenlos jung und alt zugleich niederstrecken und unreife Früchte aus dem Schoße der Mütter ausreißen."
Bischof Johann Fabri von Wien

98% der Türken zählen sich - zumindest nominell - zu den Muslimen. Türken machen ca. 25% der Ausländer in Deutschland aus (ca. 1,5 Millionen).
Bei meiner Umfrage die **häufigsten Begriffe** zur **Türkei**:
<u>Diktatur</u>, Urlaub, Gastfreundlichkeit und Erdogan

Größe: ca. 814.000 km²
Einwohnerzahl: ca. 79 Millionen
Hauptstadt: Ankara
Bekannt für: „Döner", Erdogan, Atatürk
Bekannte Menschen: Süleyman I, Apostel Paulus, Nikolaus von Myra
Bauwerke: Ruinen von Ephesos, Aspendos-Theater, Troja
Essen / Getränke: Börek, Aubergine gefüllt, Lahmacun, weißer Bohneneintopf
Sonstiges: Der europäische Teil umfasst ca. 3% der Landfläche. Tulpen kommen ursprünglich au der Türkei. In der Türkei gibt es einen Batman-Airport.

„Der Döner kommt aus der Türkei!"
1971 soll der 16jährige Mehmet Aygün den Döner Kebab im Restaurant seines Onkels in Berlin-Kreuzberg, also **Deutschland**, erfunden haben. Die drehenden Hammelspieße gab es schon im 18. Jahrhundert in Kleinasien. Doch erst in Berlin wurde der Döner zu dem, was wir heute kennen. Erst danach wurde der Döner Kebab in die Türkei exportiert.

Es gibt **57 muslimische Länder** (im Gegensatz zu ca. 150 christlich orientierten). Diese liegen hauptsächlich in Nordafrika, Indonesien und dem arabischen Raum.

„Wer den Menschen nicht dankbar ist, der ist auch Gott nicht dankbar." Mohammed, der Gepriesene

Die Offenbarungen von Mohammed wurden in 114 Suren (Kapitel) im Koran oder Qur'an (arabisch: Lesung) niedergeschrieben. **Der Koran stellt das Wort Gottes in arabischer Sprache dar, dem Folge zu leisten ist.** Das Schwierige ist, dass man den Koran nicht zu 100% in eine andere Sprache übersetzen kann und es Suren gibt, die sich auf den ersten Blick widersprechen. Dies führt zu verschiedenen Auslegungen der Schrift.

Ein kurzer Aufschrei ging 2016 durch die Medien, da nach der Universität Münster für 50% der muslimischen Einwanderer Regeln nach dem Koran wichtiger sind als die Gesetze des Staates. Da sahen sich wieder islamfeindliche Menschen bestätigt: **„Seht ihr, Moslems achten deutsche Gesetze nicht!"**
Nach dem Koran erhielt der Mensch den Verstand (Sure 2:31), die Sprache (Sure 55:4) und den freien Willen (u.a. Suren 2:281 / 2:286 / 10:108 / 32:13 / 34:50). Der Koran möchte, dass der Gläubige nachdenkt und moralisch einwandfrei handelt. Muslime sehen dabei den Moralanspruch des Koran als ewig und absolut und versuchen sich danach zu richten. Sie setzen also das moralisches Handeln nach dem Koran als oberstes Ziel. Und um welche Moral geht es?
Es gibt bestimmte Laster, wovon der Koran abrät (Lüge, Hochmut, Heuchelei Ungerechtigkeit, Verschwendung, Glücksspiel, Alkohol) und anständiges Verhalten, wozu der Koran ermutigt (Ehrlichkeit, Selbstprüfung, Nachsicht, Geduld, Bescheidenheit, Genügsamkeit, Nächstenliebe). Auch die **Verschiedenheit der Menschen (Hautfarbe, Sprache, usw.) ist gottgewollt (Sure 30:22) und alle** entstammen einem einzigen Wesen. Alle Geschlechter und Hautfarben sind gleich berechtigt (Sure 49:13). Deshalb sollen ALLE Menschen verantwortungsbewusst miteinander umgehen (Sure 4:1). Völker sollen sich in Menschlichkeit begegnen und voneinander lernen (Sure 49:13). Auch Nicht-Muslimen soll man freundlich und liebenswürdig begegnet (Sure 60:8). Also so „rückständig" scheint der Koran doch nicht zu sein. Und es gibt viele „modernere" Werke, die viel mehr Unheil zulassen *(siehe z.B. Verfassung USA)*. Leider können aber auch die Suren absichtlich missverstanden und missbraucht werden. So wie es mit anderen Werken auch schon geschehen ist *(siehe Geschichte der Bibel)*.

„Die größte Ehre, die das Weib hat ist, dass Männer durch sie geboren werden." Martin Luther

Viele Männer empören sich über die Frauenfeindlichkeit im Islam. Besonders die rechten und konservativen Parteien sind da sehr laut. Sind wir denn so fortschrittlich? Bis 1977 musste der Ehemann zustimmen, wenn seine Frau arbeiten wollte. Ab 1990 durften dann auch alle Frauen in der Schweiz wählen. Erst 1993 gab es die erste Ministerpräsidentin. Und „schon" seit 1997 ist Vergewaltigung in der Ehe strafbar. Und sind wir heute wirklich gleichberechtigt (s. Kapitel 2.2)?

„Der Islam ist total frauenfeindlich!"
Erst einmal ist zu beachten, dass der Koran bis zum Jahre 632 entstanden ist. Das war eine andere Zeit! Trotzdem sind die Inhalte und auch das Leben von Mohamed keinesfalls rückständig. Mohammeds erste Ehefrau Chadīdscha bint Chuwailid war erfolgreiche Unternehmerin und konnte durch ihr Vermögen den Propheten unterstützen. Später hatte seine Frau A´ischa u.a. den Oberbefehl der Streitkräfte von Mekka. Zur dieser Zeit arbeiteten viele Frauen u.a. als Ärztinnen und Islamgelehrte. Der Koran unterstreicht stetig die Gleichheit des Wesens und der Würde von Mann und Frau, in rein menschlicher und moralischer Hinsicht, wie in sozialen und finanziellen Angelegenheiten (Sure 2:228). Es wird immer wieder darauf hingewiesen, dass Frauen und Männer gleich sind (Suren 4:1 / 4:124 / 33:35 / 57:12 / 49:13). Im Grunde haben sie die gleichen Rechte und Pflichten. Der Mann war aber auch in dieser Zeit der finanzielle Hauptversorger. Deshalb gibt es wenige Unterscheidungen, was z.B. das Erbrecht angeht. Die muslimischen Frauen haben aber selbst Vermögen und auch die Kontrolle über ihr Geld. In Deutschland gilt eine verheiratete Frau gesetzlich erst seit 1969 als geschäftsfähig. Auch wird im Koran von gleichberechtigten Frauen erzählt. Im Gegensatz zur Bibel wird im Koran Eva nicht „nur" aus der Rippe des Mannes erschaffen. Eva verführt auch nicht Adam, sondern beide werden vom Satan verführt. Dementsprechend ist das Gebären der Kinder keine Strafe, sondern eine vitale Erfahrung für Frauen und ein Mittel der Läuterung. Auch die Jungfrau Maria wurde von Allah ausgewählt und gilt als Vorbild für die gesamte Menschheit (Sure 3:42). Einige Islamgelehrte sehen in ihr sogar eine Prophetin. Auch Abtreibung (bei Gefahr) und Verhütung lässt der Koran bereits seit 1.400 Jahren zu.

„Es ist wichtig, was wir im, nicht was wir auf dem Kopf haben."
Magdoulin Obeida

Das Kopftuch und die Burka stehen nicht wortwörtlich im Koran. Es gibt dort verschiedene Stellen, die zeigen, dass muslimische Frauen beim Gebet den Kopf bedeckt halten müssen. Mohammeds erste Ehefrau Chadīdscha bint Chuwailid soll aber z.B. außerhalb des Gebets <u>kein</u> Kopftuch getragen haben. Viele (nicht alle) Islamgelehrten deuten heute, dass das Kopftuch nach dem Koran verpflichtend ist. Wenn Frauen außerhalb des Hauses ihren Kopf bedecken, ist am ehesten gewährleistet, dass sie als ehrbare Frauen erkannt und daraufhin nicht belästigt werden (Sure 33:59). Aber über 70% der in Deutschland lebenden Muslimas tragen <u>kein</u> Kopftuch.

„Das Kopftuch ist ein Zeichen der Unterdrückung von Frauen!"
Es gab viele Nicht-Muslimas, die ein Kopftuch trugen, z.B. Marilyn Monroe, Grace Kelly, Bäuerinnen, Ordensschwestern, Marathonläuferinnen, Frauen in verschiedenen Alpentrachten, Katholikinnen bei einer Papstaudienz usw., usw.
Bei Befragungen ergänzten Kopftuch-Trägerinnen „Das Kopftuch…" mit:
…gibt mir Selbstbewusstsein"   …gibt mir Schutz."
…gehört zu meiner Persönlichkeit."   …ist nur ein Kleidungsstück."
…zeigt, dass ich <u>nicht</u> ein Sexobjekt bin."   …hebt mich von den anderen ab."
…gehört zu meiner Kultur und ist Tradition."   …ist ein Modeaccessoire."
…zeigt meinem Glauben und zu dem stehe ich."
…ermöglich mir, dass die Menschen auf meine inneren Werte achten."

Und was ist mit Frauen, die von ihren Männern unterdrückt werden und gesundheitsgefährdende Highheels, Mini-Rock und enge Oberteile tragen müssen. <u>Jedes</u> Kleidungsstück kann zur Unterdrückung genutzt werden!!!

Niqab ist ein Sammelbegriff für einige einander sehr ähnliche Gesichtsschleier (oft als Burka bezeichnet). Niqab sind aber <u>keine</u> traditionell islamischen Frauenkleider. Sie kommen aus dem Beduinenkultur auf den arabischen Halbinseln und waren dort schon lange vor dem Einzug des Islam zu sehen.

Ich spüre, es gibt Gewalt in ihrer
Familie. Sie müssen aber das
Kopftuch nicht tragen und
können in einem Frauenhaus
untergebracht werden!

„Manchmal denke ich, es wäre besser, es gäbe keine Religionen."
Dalai Lama

Bei Terroristen denken die meisten Europäer direkt an „Islamisten". Es gibt aber auch keinen Begriff für christliche Extremisten: vielleicht *Christimisten*. Obwohl es davon eine Menge gibt (siehe Kapitel 7.7).
Es heißt von einigen, der Islam ist mit unseren demokratischen Werten nicht vereinbar. Auch könnten andere Religionen nicht neben dem Islam existieren.

„Der Koran widerspricht den Werten des Grundgesetzes!"
Erst einmal sagt der Koran, dass Menschen <u>keiner</u> Schrift blind folgen sollten, weder Gesetzestexten noch dem Koran. Ein Muslim soll auch <u>nicht</u> nur etwas tun, weil es seine Vorväter schon getan haben. Er soll vielmehr selbst denken und moralisch handeln (u.a. Sure 2:170).
Auch wird im Koran betont, dass Muslime die früheren Schriften (Thora / Bibel) achten sollen (u.a. Suren 2:4 / 3:3 / 5:44). Christen und Juden werden wie Muslime als „Leute der Schrift" bezeichnet und die zehn Gebote stehen auch im Koran, wenn auch nicht wie in der Bibel an einer Stelle (Exodus 20, 2-17). Abraham und Moses sind nach dem Koran ebenfalls Propheten, welche Vorbilder für Muslime darstellen. Jesus gilt als einer der größten Propheten und wird als „der Geist Allahs" geehrt. Er wird „nur" <u>nicht</u> als Sohn Gottes verehrt.
Religiöse Vielfalt soll kein Grund für Streit sein und der Koran ermutigt zum partnerschaftlichen Umgang (u.a. Suren 5:5 / 5:48). Solange der Islam nicht verfolgt wird, sollen Muslime anderen Religionen mit Freundlichkeit und Gerechtigkeit begegnen (Sure 60:8 f). Es ist aber Muslimen verboten eine Allianz mit Menschen zu führen, die den Islam verspotten und Überfälle gegen die muslimische Gemeinschaft unterstützen. Es darf aber niemand zum islamischen Glauben gezwungen werden (Sure 2:256). Auch für den Umgang mit Nicht-Muslimen (Dhimmies = geschützte Familie), die in einem muslimischen Land leben, gibt es im Koran Regeln. Sie dürfen nicht benachteiligt werden und sie haben die gleichen Rechte wie Muslime. Unterschied: Menschen des Islam entrichten eine Sozialsteuer (Zakat) und die anderen bezahlen im Gegenzug die Dschizya-Steuer, um die Gemeinschaft zu unterstützen. So weit scheint doch der Koran von den Grundwerten unseres Grundgesetzes nicht entfernt zu sein, **oder?**

„Ein Ritter Christi tötet mit gutem Gewissen. Wenn er tötet, nützt er Christus." Bernhard v. Clairvaux (Prediger während der Kreuzzüge)

Natürlich gibt es bekloppte Menschen, die den Islam vorschieben, um andere Menschen zu töten. **„Dschihad"** wird in diesem Zusammenhang immer wieder als *„heiliger Krieg gegen die Ungläubigen"* benannt. Doch eigentlich bedeutet Dschihad: Anstrengen oder sich bemühen um das Richtige. Es ist die Anstrengung für das Gute und gegen das Böse, z.B. Geld für gute Zwecke zu spenden. Für die meisten Islam-Gelehrten ist der Dschihad gewaltlos. Nur zur Selbstverteidigung erlaubt der Koran Gewalt (Sure 2:190). Um die Schwachen zu schützen ist auch der bewaffnete Kampf erlaubt (Sure 9:5). Stirbt jemand im Kampf für den Islam, so kommt dieser sogar ohne Umwege in den Himmel. Doch insgesamt ist nach dem Koran alles Leben heilig (Sure 6:151). Tötet man einen Menschen ist das gleichbedeutend mit der Vernichtung der ganzen Menschheit (Sure 5:32).

Übrigens ist auch ein **Salafist** <u>nicht</u> immer ein Terrorist. Salafismus ist die Rückbesinnung auf die „Altvorderen". Das sind so die „Amisch" unter den Muslimen und haben erst einmal nichts mit Terror zu tun.

Auch ist <u>nicht</u> jeder Terrorist ein **„Islamist"**. Zwischen 2006 u. 2015 waren z.B. weiße Rassisten für 70% der Terroropfer in den USA verantwortlich. In den USA sterben übrigens auch pro Tag 89 Menschen an Schussverletzungen, meist abgefeuert von christlichen Schützen.

Auch die **Hauptfeinde** der „Islamisten" sind nicht vorwiegend Christen und europäische Länder. Die meisten Anschläge und Tote gibt es in den muslimischen Regionen und Hauptfeinde sind die in ihren Augen „falschen" Muslime.

Der Islam steht für Frieden und beide Begriffe haben vom Wortstamm her dieselbe Wurzel. Doch die friedlichen Muslime kennen hier wenige. Allein in diesem Jahrhundert haben z.B. fünf Muslime den **Friedensnobelpreis** erhalten:
- die iranische Menschenrechtsaktivistin Shirin Ebadi (2003)
- der ägyptische Diplomat Mohamed El Barade (2005)
- der Wirtschaftswissenschaftler Muhammed Yunus aus Bangladesch (2006)
- die jemenitische Menschenrechtsaktivistin Tawakkol Karman (2011)
- die pakistanische Kinderrechtsaktivistin Malala Yousafzai (2015)

„Als sie nun anhielten, ihn zu fragen, richtete er sich auf und sprach zu ihnen: Wer unter euch ohne Sünde ist, der werfe den ersten Stein auf sie." Neues Testament (Römer 2.1)

Bei meiner Umfrage die häufigsten Begriffe zu **Christen**:
Kirche, Jesus, Geld (Reichtum) und Heuchler (scheinheilig)

Der jüdische Wanderprediger Jesus von Nazareth kann wohl als Gründer dieser Weltreligion genannt werden. Wenn man die vier Hauptströmungen zusammenzählt (römisch-katholisch, orthodox, protestantisch, anglikanisch) hat das Christentum nach rund 2.000 Jahren 2,26 Milliarden Anhänger und ist damit die mitgliederstärkste Religion. Der Kern der christlichen Religion ist die bedingungslose Liebe Gottes gegenüber den Menschen und der gesamten Schöpfung. Auch diese Botschaft von Liebe kann missbraucht werden **Denn es**:

- werden in vielen Bereichen immer noch Homosexuelle, andere Religionen oder Frauen von „Christen" unterdrückt und nicht gleichberechtigt behandelt.
- fanden zwischen 1096 und 1291 sieben Kreuzzüge im Namen der Kirche statt, bei welchen rund 22.000.000 Menschen starben. 1099 wurden von christlichen Rittern **alle** Einwohner der Stadt Jerusalem im Blutrausch getötet.
- fanden wenigstens 100.000 Hexentötungen statt.
- wurden Juden verfolgt und getötet (u.a. mit kirchlicher Unterstützung im 3. Reich).
- sollen die Kapuzen des „Ku-Klux-Klans" so um die 12.000 Menschen getötet haben.
- hat die US „Army of God" u.a. über 100 Bomben- und Brandanschläge durchgeführt.
- gab es nach Entdeckung und „Bekehrung" von Amerika noch 1 statt 15 Millionen Inkas.
- möchte die „Widerstandsarmee des Herrn" (LRA) einen Gottesstaat in Afrika und mordet, foltert, entführt und versklavt dafür.
- tötete 2011 in Oslo der „Retter einer christlich-europäischen Ordnung" 77 Menschen.

8   Flüchtlinge = Krise

„Durch die Gasse der Vorurteile muss die Wahrheit ständig Spießruten laufen." Indira Gandhi

Bei meiner Umfrage die **häufigsten Begriffe** zu **Flüchtlinge**:
<u>Krieg</u>, Terror, arm und heimatlos

Immer wieder gibt es die Diskussionen und Berichte über die „bösen" Asylanten, Asylbewerber oder Flüchtlinge. In unserem Grundgesetz (Artikel 16a) steht, dass politisch Verfolgte das Recht auf Asyl in Deutschland haben. Dieser Artikel ist aufgrund unserer geschichtlichen Erfahrung entstanden. Zwischen 1933 und 1945 haben viele Menschen Deutschland verlassen. Was mit denen passiert ist, die <u>nicht</u> *nazi-gerecht* waren und in Deutschland geblieben sind, kann man ja in jedem Geschichtsbuch nachlesen.

Kein Mensch verlässt so aus Spaß seine Heimat. Und das Paradies ist Europa nicht gerade. Stell dir mal fünf Minuten vor, hier bricht ein Bürgerkrieg aus und du fliehst mit deiner Familie. Was würdest du dir von deinem Fluchtland wünschen? Schreibe dann mal so zehn Punkte auf und vergleiche dies mit dem Alltag eines Flüchtlings hier in Deutschland.

Zu einem menschengerechten Leben gehört z.B. eine Beschäftigung. Flüchtlinge haben aber einen so genannten „nachrangigen Arbeitsmarkt-Zugang". Das bedeutet, dass sie mindestens drei Monate auf eine Arbeitserlaubnis warten müssen. Auch dann wird jedoch zunächst geprüft, ob ein Deutscher oder ein EU-Bürger den Job machen kann, bevor ein Flüchtling eine Arbeitserlaubnis erhält. Erst nach 15 Monaten in Deutschland können Asylbewerber und geduldete Flüchtlinge ohne diese Einschränkungen arbeiten. Aber da die Firmen auch nicht wissen, wann der Flüchtling wieder in sein Heimatland darf oder muss, werden diese sehr ungern eingestellt.

Schnell gab es „produktive" und „unproduktive" Flüchtlinge. Was bringt der uns später ein? Was zahlt der später wohl an Steuern? Hat der schon eine Ausbildung oder ein Studium? Es gab also die Einteilung in **gute** und **schlechte** Flüchtlinge (*„witzig" oder „nicht witzig" wäre besser – siehe Känguru-Chroniken*).

Warum denkt ihr, dass wir nur unsere Heimat verlassen, um fremde Länder auszunutzen und zu plündern???
AL1666
Weil WIR so sind!!!

„Ich hatte ungeheuer vieles noch nicht gesehen und nicht bemerkt an diesem Menschen, den ich bereits verurteilte."
Fjodor Michailowitsch Dostojewskij

„Es kommen Jahr für Jahr mehr Flüchtlinge zu uns!"

Es stimmt, dass immer mehr Menschen in den letzten Jahren fliehen mussten. Noch nie hat das UN-Flüchtlingswerk UNHCR weltweit mehr Menschen auf der Flucht gezählt: 59,5 Millionen, einer von je 122 Menschen auf der Welt waren es im Juni 2015. Mehr als die Hälfte von ihnen waren Kinder. Allein wegen des Syrienkrieges waren bis Januar 2016 etwa 8 Millionen Menschen innerhalb Syriens und rund 4,6 Millionen außerhalb des Landes auf der Flucht. Die Lager sind überall voll. Seit 1992 existiert in Dadaab, im Nordosten Kenias ein Flüchtlingslager. Einst gedacht bis zu 100.000 Flüchtlinge aufzunehmen, sind es teilweise über eine halbe Millionen – eine riesige Stadt aus Zelten.

Im Jahr 2015 sind 1.091.894 Menschen in Deutschland angekommen. Davon stammten die allermeisten aus fünf Ländern: Syrien (428.468), Afghanistan (154.046), Irak (121.662), Albanien (69.426) und Kosovo (33.049).

Man kann davon ausgehen, dass die Bundesrepublik 2015 und 2016 insgesamt bis zu 1,5% ihrer Gesamtbevölkerung an Flüchtlingen aufnimmt. Nach den Zahlen des jüngsten UNHCR-Jahresberichts nimmt z.B. der Libanon 24% seiner Gesamtbevölkerung auf.

Anfang der 90er Jahre kamen ähnlich viele Flüchtlinge nach Deutschland. Danach gingen die Zahlen zurück. 2014 und 2015 stiegen sie im Gegensatz zu den Vorjahren stark an, aber seit 2016 gehen die Zahlen wieder zurück.

„Und die Migranten bekommen alle so viele Kinder!"

Es stimmt, dass einige Länder eine höhere Geburtenrate haben als Deutschland. Dort ist es oft deren „Altersabsicherung". Schließlich gibt es in einigen Ländern keine Renten. Doch kommen Migranten in andere Länder, so passt sich die Geburtenrate schon in der zweiten Generation an. In der Türkei bekommt z.B. jede Frau durchschnittlich 2,18 Kinder, in Deutschland 1,41. Momentan haben türkische Migrantinnen der zweiten Generation in Deutschland durchschnittlich sogar nur 1,3 Kinder. Und wäre es denn schlimm, wenn die Zahlen anders wären?

„Vorurteil: ein Grundsatz aus subjektiven Ursachen der Sinnlichkeit, welche fälschlich für objektive Gründe des Verstandes gehalten werden." Immanuel Kant

Flüchtlinge, die in Deutschland **Asyl** erhalten wollen, müssen gemäß dem Asylverfahrensgesetz belegen, dass sie wegen ihrer „Rasse, Religion, Nationalität, politischen Überzeugung oder Zugehörigkeit zu einer bestimmten sozialen Gruppe" **Verfolgung** in ihrer Heimat fürchten müssen. Sehr viele Menschen, die ihr Heimatland verlassen, gehen aus einem dieser Gründe. Die Quote der positiv beschiedenen Asylanträge im Jahre 2016 liegt bei 61,8 Prozent.

Derzeit gibt es ungefähr 30 **Kriege** und noch unzählige Unruhen und Aufstände weltweit. Die Kämpfergruppe „Islamischer Staat" hat u.a. im Irak einige Teile übernommen. Und auch nach dem Kriegsende in Afghanistan sind dort Unruhen und Auseinandersetzungen mit den Taliban. Seit 2011 herrscht Krieg in Syrien und seit 25 Jahren in Somalia. Auch in Libyen und in der Ukraine ist Bürgerkrieg. Viele Menschen wollen *„komischerweise"* mit dem Scheiß nichts zu tun haben und fliehen. Sie wollen einen Ort finden, wo sie nicht befürchten müssen zwischen die Fronten zu geraten. Einer davon soll Deutschland sein. Die größte Gruppe der Asylsuchenden sind in Deutschland die Syrer. In fast 90% der Fälle erhielt diese Gruppe einen positiven Bescheid.

Doch wenn der Mensch *„nur"* hier besser leben möchte, ist er ein „**Wirtschafts-flüchtling"**. *Ist ja auch ziemlich egoistisch, <u>einfach</u> hierhin zu kommen. Nur damit es ihnen ein bisschen besser geht?* Über 800 Millionen Menschen haben nicht genug zu essen und etwa neun Millionen Menschen versterben daran. Acht Millionen versterben jährlich, weil sie kein sauberes Trinkwasser haben. 160 Millionen Kinder sind zu klein, weil sie nicht genug zu essen haben und drei Millionen Kinder versterben jährlich an Unterernährung. In Deutschland werden ca. 30-50% der Lebensmittel weggeschmissen und die Kleiderschränke quillen über. Unser Luxus wird durch die Ausbeutung anderer Länder finanziert. Laut IAO gibt es z.B. noch heute weltweit 168 Millionen Kinderarbeiter und über 85 Millionen Kinder absolvieren gefährliche Arbeiten, z.B. in Steinbrüchen. Und es wird <u>nicht</u> besser: An der Elfenbeinküste ist die Kinderarbeit von 2009 bis 2014 um 59% angestiegen.

„Jeder dumme Junge kann einen Käfer zertreten, aber alle
Professoren dieser Welt sind nicht imstande, einen zu erzeugen. "
Arthur Schopenhauer

Oft wird argumentiert, dass die Flüchtlinge gut für Deutschland sind, weil:
- verschiedene Kulturen unser Leben bereichern.
- junge arbeitskräftige Menschen einreisen.
- viele mit hohem Bildungsabschluss kommen.

Aber das ist völlig egal! Die Aufnahme von Schutzsuchenden ist keine Frage des Gewinns, sondern eine moralische Entscheidung. Nehmen wir dann nur Menschen aus Kriegs-, Krisen- und Hungergebieten auf, solange wir etwas davon haben. Berechnen wir den Wert eines Menschen, wie viel er uns einbringt. Dann könnten wir ja auch mal wieder den Wert der Kinder, Rentner und Behinderten berechnen und sind beim Euthanasieprogramm der NSDAP. Wenige Länder haben heute so gute Voraussetzungen wie Deutschland, um vielen Flüchtlingen ein würdiges neues Leben zu ermöglichen. Und wie in einigen Kapiteln erwähnt, ist Deutschland nicht ganz unschuldig, dass es einigen Ländern so schlecht geht.

„Asylanten bekommen mehr als Hartz-IV-Empfänger!"
Asylbewerber in Deutschland müssen mit weniger Geld leben als dem, was für Deutsche als Existenzminimum gilt. Ein deutscher Arbeitsloser bekommt wenigstens das, was in Deutschland als „menschenwürdiges Existenzminimum" gilt. Das sind aktuell 406 Euro pro Monat. Asylbewerber in Deutschland bekommen eine Unterkunft, Essen und ein kleines Taschengeld gestellt. Die Summe all dieser Leistungen liegt zwischen 287 und 359 Euro pro Monat und damit unter dem Hartz-IV-Satz. Mit allem drum und dran kostet die Aufnahme eines Flüchtlings in Deutschland etwa 10.000 Euro im Jahr.

„Wir haben keinen Platz mehr für Flüchtlinge!"
In Deutschland leben ca. 226 Menschen auf einem Quadratkilometer. In Monaco sind es 15.267 und in Malta 1.336 Menschen pro Quadratkilometer. Platz um uns herum haben wir also eigentlich genug. Die Frage ist doch viel eher: wie viel Platz ist in unseren Köpfen? Wie viel Reichtum können und sind wir bereit abzugeben?

*„Natürlich sind die selbst schuld." Frank Hartmann, damaliger
Pressesprecher der Deutschen Bank, auf die Frage, ob die Menschen
in Afrika an ihrem Hunger selbst schuld seien, 2011*

So etwas sagt jemand, dessen Arbeitgeber u.a. in den Skandal um die **Panana Papers** von 2016 verwickelt ist. Egoistische, sehr reiche und trotzdem geldgierige Menschen (u.a. 143 führende Politiker) nutzten mehr oder weniger legal Schlupflöcher im System aus und gründeten so 214.000 Briefkastenfirmen in Panama, um Geld zu waschen und keine Steuern zu bezahlen. In Deutschland gehen so dem Finanzamt rund zehn Milliarden Euro pro Jahr verloren. Insgesamt geht man von 160 Milliarden Euro aus, die jährlich an Steuern hinterzogen werden.

Das vom Westen aufgebaute globale Finanzsystem sorgt für eine immer stärkere Konzentration von Reichtum. Diese hat sich in den letzten Jahren verstärkt – den Reichen hat die Krise nicht geschadet. Allein in den letzten fünf Jahren ist das Vermögen der 62 Reichsten um 44% gewachsen, das Gesamtvermögen der ärmeren Hälfte der Weltbevölkerung um 41% geschrumpft. Und nun besitzen die 62 reichsten Menschen so viel wie die ärmere Hälfte der gesamten Weltbevölkerung. Und das oberste Prozent der Weltbevölkerung verfügt seit 2015 über mehr Vermögen als der gesamte Rest der Welt. Durch Steuervermeidung von Unternehmen gehen Entwicklungsländern jährlich mindestens 100 Milliarden US-Dollar verloren. 98 reiche Einzelpersonen halten in Steueroasen rund 7,6 Billionen US-Dollar versteckt – unversteuert.

Aber viele regen sich lieber über Flüchtlinge auf, die ein Handy besitzen. In Deutschland wurden einige Schüler aufgefordert, innerhalb von 15 Minuten alles zu packen, was sie benötigen, wenn sie fliehen müssten. Die Taschen und Rucksäcke waren sehr unterschiedlich gepackt, aber:
<u>**Alle**</u> **hatten ein Handy eingepackt!**

„Die sind doch selbst dafür verantwortlich!"
In der Kolonialzeit begann die Ausbeutung der Länder, die wir heute „Dritte Welt" nennen. Der weiße Westen in seinen weißen Westen eroberte und unterdrückte u.a. Süd-Amerika und Afrika. Heute herrschen in diesen Regionen Armut, Hunger, Umweltzerstörung und Krieg – und Menschen fliehen. Die Politik Deutschlands

und anderer Staaten trägt an vielen Stellen dazu bei, dies aufrechtzuerhalten. Ein einfaches System von Vermögenskonzentration:

Sehr wenige haben Milliarden, Milliarden haben sehr wenig!

Im Falle von Syrien und Afghanistan gehen die Unruhen im Land und damit die Fluchtursachen auf militärische, strategische und entwicklungspolitische Probleme zurück. „In Westafrika allerdings liegen die Dinge deutlich anders. Hier könnte man die Fluchtursachen eigentlich relativ leicht beheben – wenn es denn den politischen Willen gäbe." (Hafsat Abiola in Zeit online 1.08.2016)
Alte und neue Abkommen mit z.B. der EU versprechen kurzfristige Profite für europäische Konzerne und die Beteiligungen für eine kleine afrikanische Elite. Der Rest bleibt arm, verhungert oder flieht.
Während die Waffenindustrie in Deutschland 2015 Rekordgewinne verzeichnete, wurden die Gelder für humanitäre Hilfen gekürzt. Laut UNHCR würden viele Flüchtlinge gerne in ihrem Heimatland bleiben. Doch Kriege, Unruhen, mangelnde medizinische Versorgung, keine Nahrung und besonders kein Trinkwasser machen ein menschenwürdiges Leben fast unmöglich.

„Die Deutschen haben doch nichts damit zu tun!"
Die deutschen Kolonien wurden uns nach dem Weltkrieg abgenommen. Doch heute nutzen viele deutsche Firmen Möglichkeiten aus, um die Gewinne zu maximieren. Andere Länder und deren billige Arbeitskräfte (z.B. Kinder) auszunutzen gehört einfach dazu. Außerdem ist Deutschland einer der weltweit führenden Exporteure von Waffen. Deutsche Waffen dürfen zwar nicht in Konfliktgebiete außerhalb der Nato-Staaten geliefert werden, gleichwohl gelangen sie dorthin: Hubschrauber in den Irak, Waffen aller Art nach Saudi-Arabien, Panzer in die Türkei, Sturmgewehre nach Ägypten und nach Mexiko. Insgesamt 102 deutsche Waffenexporte haben 2015 die Gewinne zum Vorjahr fast <u>verdoppelt</u> mit Genehmigung der deutschen Bundesregierung. Der Wert der Exportgenehmigungen an Kleinwaffenmunition hat sich im ersten Halbjahr 2016 <u>verzehnfacht</u>.

„Die sollen doch froh sein, dass wir die aufnehmen und so gut behandelt!"
Flüchtlingsbusse und -heime werden in Deutschland gestürmt, um 4.00 Uhr morgens müssen Flüchtlinge in Schlangen vor dem Ausländeramt warten, sie werden in Lagern zusammengepfercht, dürfen teilweise <u>nicht</u> zu ihren Familien ins andere Bundesland und <u>nicht</u> arbeiten. Es gibt wohl bessere Willkommens-Kulturen!

20 Kekse sollen zwischen einem
Bänker, einem Steuerzahler und
einem Asylbewerber aufgeteilt werden.

9   Andere Schmarotzer

„Das ist keine Drohung, sondern ein Versprechen. Das ist kein Vorurteil, sondern Menschenkenntnis. Das ist kein Blödsinn, sondern Schwachsinn." Tim Bärsch

Es gibt viele Menschen, die als Schmarotzer gesehen werden: *„**Wenn es die nicht geben würde, würde es uns besser gehen!**"* Hier als Beispiel mal die Judenfeindlichkeit. Schon im Mittelalter waren die Juden (siehe Kapitel 9.5) *beliebte* Sündenböcke. Diese Minderheit wurde schon oft diskriminiert und Schlimmeres, in Deutschland und auch in anderen Ländern. Und diese Vorurteile halten sich seit Jahrhunderten bis heute. Die Bezeichnung „Jude" wird auch heute noch als Beleidigung genutzt.

1952 gaben noch 37% der Deutschen an, dass es besser wäre, keine Juden im Land zu haben. Die Zahl sank stetig bis 1983 auf 9%. Dann stieg die Zahl wieder, z.B. 1987 auf 13%. 1994 gaben 54% der Westdeutschen an, dass Juden den Holocaust für ihre eigenen Interessen ausnützen würden (Emnid-Untersuchung) und 1996 gaben 50% der Westdeutschen an, dass die Juden aus der Vergangenheit des Dritten Reiches Profit schlagen wollen (ALLBUS-Erhebung) und 27% meinten, dass die Juden in der Welt zu viel Einfluss hätten. 2016 behaupten weiterhin 21% der Deutschen, dass die Juden zu viel Einfluss haben.

Die judenfeindlichste Einstellung in Europa findet man in Spanien, wo bei 40 Millionen Einwohnern keine 20.000 Menschen als Mitglied einer jüdischen Gemeinde registriert sind (Meinungsumfragen Anti-Defamation-League von 2002). Juden hätten zu viel Macht in der Wirtschaft, glauben 63% der Spanier (Italien 42%, Deutschland 32%, Dänemark 13%).

Sayyid Qutbs veröffentlichte in den 50er Jahren ein antisemitisches Pamphlet, welches nach dem Sechstagekrieg von 1967 populär und 1970 von der saudischen Regierung nachgedruckt wurde. „Es entsteht das Bild des 'ewigen Juden' in seiner islamischen Spielart." (T. Puschnerat) Der islamische Antisemitismus ist nicht rassistisch begründet (wie bei der NSDAP). Aber auch in arabischen Ländern gibt es das Verschweigen, das Relativieren und das Leugnen des Holocausts.

„Die Jugend liebt heutzutage den Luxus. Sie hat schlechte Manieren, verachtet die Autorität, hat keinen Respekt vor den älteren Leuten und schwatzt, wo sie arbeiten sollte. Die jungen Leute stehen nicht mehr auf, wenn Ältere das Zimmer betreten. Sie widersprechen ihren Eltern, schwadronieren in der Gesellschaft, verschlingen bei Tisch die Süßspeisen, legen die Beine übereinander und tyrannisieren ihre Lehrer." Sokrates

Bei meiner Umfrage die häufigsten Begriffe zu **Jugend**:
<u>laut</u>, faul, Zukunft und Pubertät

Laut dem Kriminologen Prof. Thomas Feltes in einer Untersuchung der Ruhruniversität Bochum hat die Gewalt an Schulen <u>nicht</u> zugenommen. Insgesamt zeigen viele Statistiken, dass die Jugendlichen mit jedem Jahrzehnt gewaltärmer werden. Auch engagiert sich unsere heutige Jugend. Laut einer Studie der Universität Würzburg gaben 44,9% der Jugendlichen an, aktuell oder in den letzten zwölf Monaten ehrenamtlich gearbeitet zu haben. 23,5% der 14- und 15-Jährigen sind im Bereich Kirche aktiv und 18,6% engagieren sich für das Sammeln von Geldern und Hilfsgütern. Der durchschnittliche Zeitaufwand betrug 22,7 Stunden pro Monat. 72,4% der ehrenamtlich tätigen Jugendlichen halten ihre Aktivitäten für sinnvoll und haben das Gefühl, dass dies zu gesellschaftlichen Veränderungen führt.

Die **Sinus-Studie** 2016 zeigt, dass die Jugend von heute so angepasst, brav, rebellionsunlustig und unpolitisch ist, wie <u>noch nie</u> in allen vorherigen Studien.

Also:

„Mainstream statt Rebellion!?!"

So eine verhunzte Jugend!
Hätten wir noch etwas zu sagen,
wäre es nicht so schlimm geworden.

„Chancengleichheit besteht nicht darin, dass jeder einen Apfel pflücken darf, sondern dass der Zwerg eine Leiter bekommt."
Reinhard Turre

Bei meiner Umfrage die häufigsten Begriffe zu **Behinderte**:
<u>Rollstuhl</u>, Handicap, Hilfe und krank

Weltweit geht man von 15% Behinderten in der Bevölkerung aus, also von einer Milliarde Menschen. 80% leben in den Entwicklungsländern. In Deutschland ist im Durchschnitt gut jeder Achte (13%) behindert. Rund 7,5 Millionen sind amtlich anerkannt schwerbehindert. Schätzungen gehen von 15 Millionen aus. 2,7 Millionen Menschen lebten mit einer leichteren Behinderung. 73% der Behinderten sind über 55 Jahre alt.

Behindert heißt dauerhaft körperlich oder geistig beeinträchtigt. *Doch wer ist das nicht?* Es gibt natürlich genaue Definitionen und Abgrenzungen, z.B. in §2 Absatz 1 SGB IX. Im Vordergrund steht oft die erschwerte Teilnahme an verschiedenen Lebensbereichen. Viele „Behinderte" haben keinen Schulabschluss, keine Arbeit und sind öfter ledig. Deshalb können auch seelische Beeinträchtigungen wie z.B. Psychosen oder Depressionen als Behinderung eingestuft werden.

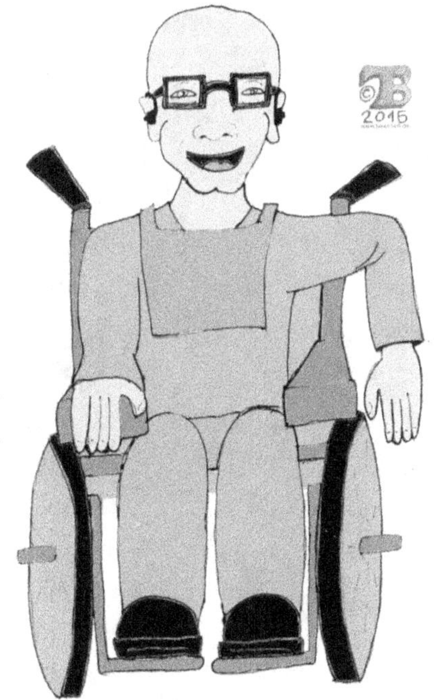

„Du bist ja behindert!", „Mongo!", „Krüppel!", „Liliputaner!" oder „Spasti!" werden oft als Beschimpfungen verwendet. In den meisten Fällen unterstelle ich den Leuten „nur" ein unreflektiertes und dummes Verhalten, aber keine besonders starke Behindertenfeindlichkeit (Ableismus). Trotzdem sind Menschen mit Behinderungen noch lange nicht in unserer Gesellschaft integriert und erst recht nicht inkludiert.
Ziehe dich mit einer Hand an oder iss mal blind! Leihe dir mal einen Rollstuhl aus und mache drei Stunden lang deine Erledigungen in der Stadt!

„Nicht das Alter ist das Problem, sondern unsere Einstellung dazu.“
Marcus Tullius Cicero

Jeder möchte lange leben, doch die meisten wollen nicht alt sein. Ab wann ist denn ein Mensch alt? Je älter man selbst wird, desto älter wird auch der „ältere Mensch“. Mit 18 Jahren waren 30-jährige für mich schon alt. Heute sind 30jährige für mich junge Hüpfer. Nehmen wir also mal die Rentner: Ca. 17 Millionen Menschen in Deutschland sind über 65 Jahre alt (57% davon Frauen).

Insgesamt kam bei dem IAT-Tests (siehe Kapitel 1.3) zum Thema „ältere Menschen“ heraus, dass diese Menschengruppe eher negativ belegt ist. Die meisten Menschen verbinden positiv mit jung. Interessant ist, dass der Test extrem unterschiedlich ist, ob hauptsächlich mit Bilder von berühmten älteren Menschen (z.B. Mutter Teresa, Albert Einstein) gearbeitet wurde oder nicht. Also lassen sich Vorurteile abbauen, auf jeden Fall kurzfristig in Tests.

„Senioren verschließen sich dem technischen Fortschritt!“
3% aller Senioren in Deutschland sind Mitglied bei Facebook oder anderen sozialen Netzwerken. Bereits 27% nutzen zu Hause das Internet. Ein Handy oder Smartphone besitzen über 50%.

„Senioren sind Stubenhocker!“
Fast ein Drittel verlässt die Wohnung täglich, weitere 27% fünf- bis sechsmal pro Woche. Nur 1% der 65- bis 85-Jährigen ist permanent zu Hause. Liebste Außer-Haus-Beschäftigung ist „einkaufen gehen“, gefolgt von „mich um den Garten kümmern“ und „aktiv in einem Verein, der Kirchengemeinde oder einer Partei mitarbeiten“. Immerhin 44% aller Senioren machen gelegentlich Ausflüge, 41% gehen auswärts essen, 30% besuchen gern kulturelle Veranstaltungen.

„Die wahren Verbrecher tragen keine Tattoos, sondern Krawatten."

Bei meiner Umfrage die häufigsten Begriffe zu **Obdachlose:**
<u>betteln</u>, Alkohol, Brücke und dreckig (ungepflegt)

Laut Bundesarbeitsgemeinschaft Wohnungslosenhilfe haben 350.000 Menschen keine eigene Wohnung und es leben davon 40.000 auf der Straße. Andere sprechen von 860.000 **Obdachlosen.** Bei einem sind sich alle einig: Die Zahlen steigen! „Straßenkinder" gibt es in Deutschland offiziell nicht, jedoch leben wenigstens 2.500 junge Menschen auf der Straße. Die jüngsten sind acht Jahre alt.

In unserer Gesellschaftshierarchie kommen kurz vor den Obdachlosen die „Hartzer" (Arbeitslosengeld II). Fast 7 Millionen sind auf staatliche Hilfen angewiesen. Industrie, Politik und Medien haben es geschafft aus Arbeits**losen** Hartz IV-**Empfänger** zu machen. Auch gibt es die Arbeit**geber** und die Arbeit**nehmer**. *Und geben ist doch immer besser als nehmen.* **Denk mal über diese Begriffe nach!** Wer gibt denn seine Arbeit und wer nimmt sie? Aber 61% der Deutschen finden es empörend, dass Menschen sich mit Hartz IV ein *schönes Leben* machen. Die Medien berichten immer wieder gerne über diese „Schmarotzer". „Es gibt kein Recht auf Faulheit in unserem Land" sagte unser Ex-Kanzler Gerhard Schröder („Genosse der Bosse") und setzte arbeitslos gleich mit faul. Und schon wurden die Opfer unserer Gesellschaft zu Tätern gemacht.

Wem nützt diese Angst vor Arbeitslosigkeit?
Einige nehmen keine staatlichen Leistungen an, obwohl sie ein Recht dazu hätten – aus Stolz. Und viele lassen sich einiges von ihrem Chef gefallen, aus Angst die Arbeit zu verlieren. *Und „Hartzer" möchte ja keiner werden.* Die Firmen können also mit ihren „Sklaven" machen, was sie wollen. Hat sich wirklich so viel seit dem Bau der Pyramiden geändert? Schließlich ist der größte Feind der Freiheit der Sklave, der nicht weiss, dass er einer ist. **ODER???**

Ihr seid wie eure Mutter:
Nie wollt ihr Sex und Prügel könnt ihr auch nicht einstecken!!!
ACAB
Deutschland
2015

„Die Juden werden nur wegen ihrer Tugenden gehasst, nicht wegen ihrer Fehler." Theodor Herzl

Bei meiner Umfrage die häufigsten Begriffe zu **Juden**:
<u>Geld</u> (Diamanten), Israel, Synagoge und Verfolgung

Das Judentum und der Staat **Israel** werden oft gleichgesetzt.

Größe:	ca. 22.000 km² (+ 6.800 km² besetzte Gebiete)
Einwohnerzahl:	ca. 8,3 Millionen (+ ca. ½ Mill. in den besetzten Gebieten)
Hauptstadt:	Jerusalem
Bekannt für:	Konflikt Juden und Palästinenser
Bekannte Menschen:	Natalie Portman, Ephraim Kishon, Daliah Lavi
Bauwerke:	Mini-Israel, Felsendom, Klagemauer
Essen / Getränke:	geschächtete (ohne Blut) Wiederkäuer mit gespaltenen Huf
Sonstiges:	75% Juden und 21% Araber leben in Israel

Es ist die **älteste monotheistische Religion**, die sich auf Abraham bezieht und damit Vorläufer und Vorbild für das Christentum und dem Islam ist, auch wenn die es nicht so gerne hören. Zurzeit leben ca. 15 Millionen Juden, hauptsächlich in Israel und in den USA. In Deutschland leben noch ca. 100.000 Juden. Da Juden nicht missionieren, wuchs deren Mitgliederanzahl nicht so rasant wie die der Christen oder Muslime. Grundlage des Judentums ist die Thora mit den fünf Büchern Moses. Die orthodoxen Juden glauben, dass die Worte der Thora die Worte Gottes sind, die er vor 3.000 Jahren auf dem Berg Sinai an Mose weitergab. Darin steht die frühe Geschichte der jüdischen Religion und des Volkes Israel. Zudem regelt die Thora viele Fragen des jüdischen Alltags. Da Juden früher oft keinem Handwerk nachgehen durften, waren die erlaubten Berufszweige Handel und Geldverleih (Dies war den Katholiken nicht erlaubt), welche, die ihnen bis heute Neid u. Vorurteile einbringen (s.Kap. 9).

„Ein Heiliger schläft nicht auf weichen Betten. "
Sprichwort der Zigeuner

Bei meiner Umfrage die häufigsten Begriffe zu **Zigeuner**:
Schnitzel, kriminell (klauen), heimatlos und Sinti/Roma

Manche behaupten Sinti sei streng genommen eine Gruppe des Roma-Volkes, die sich durch eigene Traditionen unterscheiden. Andere sagen, Sinti ist ein eigenes Volk. Sinti und Roma unterscheiden sich auf jeden Fall in Sprache, Sitten und Gebräuchen. Beide Gruppen werden vom Zentralrat Deutscher Sinti & Roma mit Hauptsitz in Heidelberg vertreten. In Deutschland werden Sinti und Roma meist statistisch unter Roma zusammengefasst.

Zigeuner gilt als Abkürzung von „ziehende Gauner" und ist damit eine Beleidigung. Nach Schätzungen leben zwölf Millionen dieser Gruppe in Europa. In Rumänien sind mit um die zwei Millionen die meisten. Die größte Gruppe sind die Roma mit neun Millionen. Roma ist der Oberbegriff für eine Reihe von Bevölkerungsgruppen, denen seit 700 Jahren Sprache und Herkunft gemeinsam sind. Sie bilden keine geschlossene Gemeinschaft, sondern es gibt unzählige Untergruppen mit jeweiligen Besonderheiten.
In Deutschland leben ca. 120.000 Roma. Das Leben der Roma in der Geschichte und auch heute ist geprägt von Armut und Diskriminierung. In einer repräsentativen Umfrage von 2014 wurden mehr als 2.000 Deutsche befragt, wie ein gutes Zusammenleben mit Sinti und Roma erreicht werden könnte. 80% der Befragten schlugen vor, den Missbrauch von Sozialleistungen zu bekämpfen, 78% forderten, Kriminalität zu bekämpfen und 50% meinten, die Einreise für Roma und Sinti sollte beschränkt werden. Jeder Fünfte schlug eine Abschiebung aus Deutschland vor, 14% waren für eine „gesonderte Unterbringung". Und in anderen Ländern wird dies leider auch so durchgezogen. Auch die Regierung von Deutschland weigerte sich bis in die 80er Jahre die Ermordung im dritten Reich an über 500.000 Roma als Völkermord anzuerkennen.

„Ich will lieber ein kalter Krieger sein als ein warmer Bruder."
Franz-Josef Strauß

Bei meiner Umfrage die **häufigsten Begriffe** zu **Schwulen**:
<u>schick</u> (schön, gepflegt), HIV (Aids), weich (Tunte) und CSD
Bei meiner Umfrage die **häufigsten Begriffe** zu **Lesben**:
<u>Mannsweib</u> (burschikos, unweiblich, männlich), Porno, CSD und kurze Haare

Es gibt Zahlen, dass zwischen 1,5 und 15% der Bevölkerung homosexuell sind. In Deutschland gibt es um die 50.000 eingetragene „Homo-Ehen" (siehe unten) und nach Befragungen 50.000 bis 200.000 weitere ohne Eintragung.
Weiterhin ist in 78 Ländern Homosexualität verboten, teilweise bei Todesstrafe. Doch auch in „aufgeklärten" Ländern gibt es weiterhin viele Vorurteile und Vorbehalte gegenüber Homosexuellen. Die katholische Pius-Bruderschaft hat am Rande des CSDs Freiburg (Schweiz) gesungen und gebetet, um damit ihr Missfallen darüber zeigen, dass Homosexuellen immer mehr Rechte eingeräumt werden. Auch 2016 wurde nach dem Anschlag in Orlando (USA) in den Nachrichten erleichtert gesagt, dass es zum Glück <u>kein</u> IS-Anschlag war. Die 50 Menschen waren „nur" die Opfer eines Schwulenfeindes. Erst 1992 nahm die WHO Homosexualität von der Liste der Krankheiten.
Trotzdem möchte die *christliche* Anti-Gay-Bewegung weiterhin Homosexualität durch ihre Therapien „heilen". usw. usw. usw.

„Homosexuelle sind doch hier gleichberechtigt!"
In Deutschland können Homosexuelle immer noch nicht die „**Ehe**" schließen. Seit 2001 dürfen sie eine „Lebenspartnerschaft" (Ehe light / Homo-Ehe) schließen, mit weniger Rechten als in einer Ehe.
Laut Gleichstellungsgesetz und Verfassung darf man aufgrund seiner sexuellen Orientierung nicht entlassen werden. Trotzdem wurde z.B. eine Reinigungsfrau vom Bistum Essen entlassen, weil sie 2010 mit einer Frau eine Lebenspartnerschaft einging.

10 Lösungen

„Es gibt keinen Weg zum Frieden, denn Frieden ist der Weg."
Mahatma Gandhi

Der Mensch neigt dazu, alles zu komplizieren und dann einfache Erklärungen finden zu wollen. Killer-Computer-Spiele z.B. produzieren Killer-Kinder. Also: Einfach Killer-Spiele verbieten und es gibt keine Killer mehr. *Dann haben wir genauso **wenig** Mörder wie im Mittelalter, im Wilden Westen oder im Dritten Reich.*

Der Ansatz von Gott im Alten Testament war es, alles zu fluten. Noah sollte Tierpaare und einige nette Menschen auf seine Arche mitnehmen. Doch anscheinend hat dieser Neuanfang nichts genutzt. Auch die Vernichtung von Sodom und Gomorrha brachte nicht viel. Nur Loth und seine Töchter entkamen. Die Frau erstarrte zur Salzsäule. Die Töchter von Loth machten ihren Vater später betrunken und schliefen mit ihm. Sie wollten eben nicht, dass ihre Familie ausstirbt - ein vielversprechender Neuanfang für die Menschheit. Batmans Gegner Ras Al Guhl hatte ähnliche Ideen. Alle Menschen vernichten, bis auf eine Elite, mit der man die Menschheit rettet. Bisher hat ihn Batman immer daran hindern können. *Und wenn er es mal nicht schafft, bringt es ja auch nichts (siehe Bibel).*

42 ist ja bekanntlich die Antwort auf alle Fragen und Chuck Norris kennt alle Lösungen. Doch kommt man damit weiter? Jeder hat irgendwelche Ideen, wie es besser wird und wie nicht – ich auch. Deshalb präsentiere ich in den nächsten Kapiteln, was meiner Meinung nach <u>nicht</u> funktioniert und was funktionieren könnte. *Plötzlich* einige Flüchtlinge mehr und schon gibt es einen Anstieg an Aufmärschen, Brandanschlägen und Wahlerfolgen rechtspopulistischer Parteien. Was würde wohl passieren, wenn die Chinesen, die Inder, die Südamerikaner und die Afrikaner mal sagen würden: *„Wir haben alle das gleiche Recht auf Luxus wie die Deutschen! Wir möchten alle auch ein Dach über dem Kopf, ein Bett mit Matratze, einen gefüllten Kühlschrank, fließendes Wasser, eine Toilette, einen Fernseher, ein Handy und pro Familie wenigstens ein Auto."*

Gibt es Lösungsansätze, welche Vorurteile abbauen
und die Welt ein wenig friedlicher machen können?

„Triebtäter kann man nicht abschrecken, härtere Strafen sind RACHE." Volker Pispers

Viele meinen *(z.B. im Fitness-Center)*: „Viel hilft viel!" Aber mehr desselben ist nicht unbedingt besser. Ein Beispiel: König Gustav II Adolf von Schweden wollte 1628 mit seinem neuen Kriegsschiff „Vasa" protzen. Es sollte die schwedischen Interessen in der Ostsee während des dreißigjährigen Krieges (1618-1648) vertreten. Das 70-Meter-Schiff hatte 32 Kanonen installiert. Der schwedische König wollte insgesamt 64 Kanonen auf dem Schiff haben. Dies war die gesamte Flottenfeuerkraft des damaligen Gegners Polen. Doch die Statik geriet dadurch außer Kontrolle und das Schiff sank nach 20 Minuten Fahrt.

Viele Wähler wünschen sich härtere Strafen, Ausweisungen oder sogar die Todesstrafe wieder einzuführen. Vielleicht sind wir dann ja wieder bei der Moral des Alten Testamentes. Da wurden mal eben 42 Kinder von Bären zerrissen, weil sie sich über den Propheten Elisa spotteten (2. Kön 2, 23-24). Oder sollen wir doch wieder die Todesstrafe einführen, *z.B. für Selbstmordattentäter zur Abschreckung???*

Es gibt immer wieder die Idee von BILD-Lesern oder Politikern, die Strafen zu erhöhen. Doch besonders das Jugendstrafrecht hat in erster Linie den Auftrag, die Rückfallwahrscheinlichkeit zu reduzieren (Resozialisation). Und verschiedene Untersuchungen zeigten, dass härtere Strafen das Gegenteil bewirken. Auch der Vergleich von mehreren Richtern zeigte, dass die Rückfallwahrscheinlichkeit bei „harten" Richtern viel höher ist.

Jugendrichterin „Gnadenlos" (diesen Namen gibt sie selbst im Buch an) **Kirsten Heisig** aus Berlin beschrieb in ihrem Buch „Das Ende der Geduld" einige Extrembeispiele aus ihrem Berufsleben. Dort haben meistens die Eltern, die Schule, die Jugendhilfe, die Justiz und die Gesellschaft versagt. Trotzdem schreibt sie: „Eine Verschärfung des Jugendgerichtsgesetzes halte ich im Wesentlich nicht für geeignet, um die Jugendgewaltkriminalität in den Griff zu bekommen. Weder frühere noch höhere Strafen werden sich langfristig als hilfreich erweisen."

Auch der Schweizer Bundesrichter **Hans Wiprächtiger** sagte im Interview (Tagesanzeiger vom 29.05.2009): „Härtere Strafen vermindern die Kriminalität also nicht. … Weder die Art noch die Höhe der Strafe schrecken ab. … Gewiss sollen die Opfer durch ein Urteil die Genugtuung erfahren, dass eine staatliche Reaktion auf begangenes Unrecht erfolgt. … Es ist populär, das Strafrecht zu missbrauchen — als vermeintliches Wundermittel gegen gesellschaftliche Missstände."

Prof. Dr. **Wolfgang Heinz** schreibt dazu: „Forderungen nach Verschärfung des Jugendstrafrechts stehen in krassem Widerspruch zu sämtlichen Erkenntnissen der Kriminologie. Danach ist von Sanktionsverschärfungen weder unter spezial- noch unter generalpräventiven Gesichtspunkten eine Reduzierung von Jugendkriminalität zu erwarten. - Dort aber, wo es zu Straftaten gekommen ist, wird die Rückfallwahrscheinlichkeit nicht durch Strafhärte gesenkt, sondern durch Maßnahmen, die Unrechtseinsicht wecken, Verständnis für das Opfer fördern (Täter-Opfer-Ausgleich), die Chancen sozialer Teilhabe verbessern und den jungen Straftäter durch Resozialisierung befähigen, künftig in sozialer Verantwortung ein Leben ohne Straftaten zu führen."

Auch der Vergleich mit anderen Ländern zeigt, dass härtere Strafen nichts oder das Gegenteil bewirken. Die Anzahl der Morde in den 38 amerikanischen Bundesstaaten mit Todesstrafe ist keineswegs niedriger als in den zwölf Staaten ohne diese Barbarei. Aber auch im Wegsperren ist die USA ja Weltmeister – in absoluten Zahlen und im Verhältnis zur Bevölkerung. 2,3 Millionen Insassen verschlingen jährlich ca. 68 Mrd. Dollar. Es sind so um die **750 Gefangene auf 100.000** Einwohner. Und das Entsetzliche: Die Zahlen steigen auch noch! Und weiterhin werden über 30.000 Menschen auf offener Straße erschossen.

In Deutschland befanden sich um die 77.000 Menschen in Haft, was umgerechnet **79 Gefangenen pro 100.000** Einwohnern entspricht. Sie können sich ja vorstellen, wie teuer es wäre, wenn wir mit den USA gleichziehen und eine Steigerung von fast 1.000% der Gefangenenanzahl hätten. Unser Strafrecht ist somit günstiger und trotzdem haben wir weniger Gewaltdelikte und weniger andere Straftaten.

Also halte ich mal fest:
Härtere Strafen bringen (auf Dauer) <u>keinen</u> Erfolg!

„Die Unwissenheit ist weniger weit von der Wahrheit entfernt als das Vorurteil." Denis Diderot

„Panem et circenses": Damit bezeichnete der Satiriker Juvenal die Politik der römischen Kaiser. Schon damals wussten die Herrscher, dass das Volk **„Brot und Spiele"** braucht, um ruhig zu bleiben.

Die heutigen Gladiatoren spielen Fußball, singen oder schauspielern. Das heutige Brot besteht aus Discounter-Ware und Alkohol. Doch das Prinzip ist das Gleiche: Hypnotisiert durch RTL-Sendungen, berauscht vom Fußball, abgelenkt durch unwichtige Informationen auf Facebook und von der BILD-Zeitung, übersättigt vom Zucker, träge gemacht durch Billigfleisch und betrunken vom Bier hat der Bürger gar keine Zeit mehr über das nachzudenken, was hier gerade falsch läuft.

Werden Menschen trotzdem zu unruhig, muss manchmal anders vorgegangen werden. In Altersheimen hat man gute Erfahrungen gemacht, die Menschen mit Drogen zu betäuben. Bei Kindern wird mittlerweile genau so verfahren:

AD(H)S (Aufmerksamkeitsdefizit-/ Hyperaktivitätssyndrom) ist eine Verhaltensstörung. Es steht mittlerweile fest, dass es eine genetische Anlage ist, welcher auftreten kann, <u>aber nicht muss</u>. Es hängt mal wieder von der Umwelt ab, ob das Kind AD(H)S bekommt: Ernährung, Fernsehkonsum, Ruhephasen usw. Rote Beeren wirken übrigens präventiv gegen AD(H)S. Aber was passiert, wenn AD(H)S dann ausgebrochen ist? Die Verbindungen zwischen den Gehirnzellen kommunizieren hier schneller, langsamer oder unvollständiger als beim Durchschnitt. Es entsteht ein Ungleichgewicht der Hormone Dopamin, Noradrenalin und Serotonin. Deshalb verhalten sich die Kinder dann anders als „durchschnittliche" Kinder. Übrigens hätten nach heutigem Gesichtspunkt Albert Einstein, Steve Jobs, Amadeus Mozart und Winston Churchill AD(H)S.

Nach verschiedenen Statistiken zeigen ein bis zehn Prozent aller Kinder Symptome im Sinne einer AD(H)S. Also: Unruhe, verminderte Aufmerksamkeit, bringt Pflichten nicht zu Ende, Abneigung gegen Arbeit, leicht ablenkbar,

Vergesslichkeit, zappelt, spielt laut usw. Jungen sind deutlich häufiger betroffen als Mädchen. Vor über 30 Jahren nannte man dies noch „Kindheit", oder wenn es schlimmer war: „Zappelphilipp". Unsere Gesellschaft möchte aber gerne die Kinder in eine Form pressen und dass sich alle „richtig" verhalten. Deshalb gibt es heute die medizinische Diagnose und den Stempel: **AD(H)S!** *Die Eltern und die Umwelt können nichts dafür. Es ist eine Krankheit wie Husten und anscheinend auch so ansteckend. Da kann man nur Medikamente geben, hoffen und beten.*

*Wenn es **Pharma-Konzernen** nur um den Absatz gehen würde, so wären bestimmt 100% aller Kinder betroffen, wenn nicht sogar mehr.* Zur Zeit nehmen „nur" über zehn Millionen Kinder den Marktführer Ritalin® ein. In Deutschland ist der Absatz von Ritalin® in fünf Jahren um mehr als das 40fache gestiegen. In den USA bekommen bereits Zweijährige dieses Medikament verschrieben. Eltern, Lehrer und Kinderärzte kennen mittlerweile alle dieses Medikament. Konzerne machen aber auch direkt Werbung bei Kindern von sechs bis zwölf Jahren z.B. mit dem Bilderbuch „Krake Hippihopp". Dort hat die unruhige Krake in der Schule nur Ärger und ist deshalb sehr traurig. Bis endlich die Lösung von der schlauen Schildkröte präsentiert wird. Raten Sie mal: Ritalin®. Aber auch der Absatz anderer AD(H)S-Medikamente steigt stetig. Trotzdem wird es in der Schule immer unruhiger und zappeliger.
Natürlich ist es fast unmöglich, 30 unruhige Geister mit oft unnützem Wissen zu bändigen. Nicht umsonst gibt es eigene Therapieeinrichtungen für Lehrer, die daran verzweifeln. Doch ist es die Lösung, Kinder mit Drogen ruhig zu stellen? Andere Wege sind umständlicher, langwieriger und leider nicht so gewinnträchtig.

Die **US-Rauschgiftbehörde DEA** stuft Ritalin® in die gleiche Kategorie wie Kokain ein. Mittlerweile ist es auf dem „Schwarzmarkt" neben anderen Drogen erhältlich, wird wie Speed durch die Nase geschnupft oder wie Heroin in die Venen gespritzt. Laut DEA sind bereits Todesfälle durch Überdosen Ritalin® seit 1995 verzeichnet. Aber auch bei sachgemäßem Gebrauch soll es zu Todesfällen kommen. Verschiedene Autoren (Richard DeGrandpre oder Hans-Ulrich Grimm) berichten von Kindern und Jugendlichen, die z.B. mit 11 oder 14 Jahren bereits aufgrund von verstopften Blutgefäßen an Herzanfällen verstarben. Diese hatten über einen längeren Zeitraum Ritalin® auf Rezept eingenommen.

Also halte ich mal fest:
Betäuben bringt (auf Dauer) <u>keinen</u> Erfolg!

„Wir müssen den Zustrom begrenzen."
Bundesfinanzminister Wolfgang Schäuble (CDU), 5. Oktober 2015

Die Rosa Luxenburg Stiftung reagierte auf dieses Zitat in ihrer Broschüre Flüchtlinge willkommen aus dem Jahre 2015 mit dem Satz: „Das müssen wir nicht. Was wir müssen, ist Menschen vor dem Tod bewahren, wenn wir das können."

Als so eine Politikerin vom Schießbefehl an den Grenzen sprach, gab es große Proteste. Aber was meinen die Menschen, wie Grenzen geschützt werden? Wie schützen wohl die Türkei und andere Länder ihre Grenzen, wenn sie u.a. von Deutschland dafür bezahlt und aus(f)gerüstet werden? Am 6. Februar 2014 etwa feuerte die spanische Grenzpolizei an der Küste Ceuta mit Gummigeschossen auf 200 schwimmende Flüchtlinge. Mindestens zwölf Menschen ertranken. Der spanische Innenminister Jorge Fernandez Diaz nannte das Vorgehen damals angemessen. Mitte Oktober 2015 kam ein Afghane an der bulgarisch-türkischen Grenze durch eine Polizeikugel ums Leben. Die Polizei erklärte, er sei von Querschlägern eines Warnschusses getroffen worden. Und da sind da noch mehrere Tausend ertrunkene Flüchtlinge jährlich im Mittelmeer (2015 ca. 3.500).

Österreich hatte dann die Idee mit sogenannten Obergrenzen. Nur noch 80 Menschen, die in Österreich Asyl beantragen wollen, dürfen die Grenze pro Tag überqueren. Die übrigen werden am Überqueren der Grenze gehindert. In Deutschland wurden Forderungen laut, es ähnlich zu handhaben. Das hieße also, die zu viel sind, dürfen dann sterben. Dies würde komplett dem Asylgedanken widersprechen.

In fast jeden Terror-Kastatrophenfilm sind die Anti-Terrormaßnahmen schlimmer als die Terrorakte selbst. *Da kann man mal etwas aus Filmen lernen, aber da tut es anscheinend keiner.* Kaum ist irgendwo ein Anschlag, schon werden dutzende lange erkämpfte Menschenrechte und Freiheiten eingeschränkt.

Also halte ich mal fest:
Sich einschließen bringt (auf Dauer) <u>keinen</u> Erfolg!

COLT
HK
HECKLER & KOCH
BERETTA
FN HERSTAL
RUGER
heute
Elfjähriger erschießt
drei Fünfjährige
Ich sage ja immer: Wir brauchen sinnvollere
Waffengesetze. Wenn die Fünfjährigen sich
mit Schusswaffen verteidigen dürften, würde
so etwas nicht passieren!
2015

„Es ist leichter, einen Atomkern zu spalten als ein Vorurteil."
Albert Einstein

Was kann ich gegen Vorurteile unternehmen? Jeder sollte natürlich erst einmal mit „the man in the mirror" (Lied von Michael Jackson) anfangen. Bildlich zeigt es Bruce Lee in dem Film „Der Mann mit der Todeskralle". Dort kämpft er erst in einem Spiegelsaal gegen sich selbst, bevor er den „bösen" Endgegner besiegen kann. Also erst an dem Balken im eigenen Auge arbeiten, bevor man sein Gegenüber auf den Splitter in dessen Auge aufmerksam macht.

Jeder Mensch hat seine eigene Wahrheit und um mit den anderen **Wirklichkeiten** wertschätzend umzugehen, gibt es fünf Grundregeln:
- Ich bin mir meiner verzerrten Wahrnehmung und Wirklichkeit bewusst!
- Jeder Mensch hat ein Recht auf sein eigene Wirklichkeit!
- Ich bin neugierig auf die Wirklichkeiten der anderen Menschen!
- Auch wenn ich die Wirklichkeit und das Denksystem eines Menschen ablehne, lehne ich nicht den ganzen Menschen ab!
- Ich trete jeder Wirklichkeit so wertfrei wie möglich entgegen!

Es geht darum bei vielen Angelegenheiten über seinen eigenen Schatten zu springen und tolerant zu sein. Hubert Schleichert schreibt dazu sehr passend: „Toleranz heißt jemanden dulden, aushalten, ertragen, obwohl wir ihn nicht leiden können, obwohl er uns stört, herausfordert, irritiert."

Übertragen auf die religiöse Toleranz bedeutet dies: *„Mein Weg ist der einzig* <u>*richtige*</u> *in den Himmel und die anderen fahren zur Hölle. Aber als toleranter Mensch lasse ich es zu, dass andere Menschen den* <u>*falschen*</u> *Weg wählen!"*

Und da ist es völlig unerheblich, ob du an Jehova, Adonai, Gott, Allah, Manitu, Odin, Ganesha, Zeus, den Fußballgott, Isis, die Macht (www.jediismus.de) oder an das fliegende Spaghettimonster (www.pastafarianismus.de) glaubst.

Dabei geht es nicht nur um bewusste Einstellungen. Gerade Vorurteile sind oft unbewusst. P. G. Devine spricht von der unbewusst und der bewusst kontrollierten Informationsverarbeitung. Es geht darum die unbewussten Vorurteile zu erkennen und diese uns bewusst zu machen. Dann kann man an den blinden Flecken *(toter Winkel)* arbeiten, indem man die bewussten Vorurteile ständig hinterfragt. Doch dies kostet Zeit und Energie.

Dann kann man auch ein „gutes" **Vor-bild** sein. Vor-bild ist eine Person, mit der sich ein Mensch identifiziert und dessen Verhaltensmuster er nachahmt oder nachzuahmen versucht. Der Psychologe Albert Bandura nannte es „Lernen am Modell", der Soziologe Robert K. Merten nannte es „Rollenmodell".

In den siebziger Jahren wurde von Prof. Moriarty *(nicht der Gegner von Sherlock Holmes)* untersucht, ob Personen am Strand einschreiten, wenn eine andere Person offensichtlich bestohlen wird. In den meisten Fällen schauten die Menschen zu (über 80%), ohne einzuschreiten. Wenn einzelne Strandbenutzer angesprochen wurden, bitte auf die Sachen aufzupassen, schritten diese mit 95% Wahrscheinlichkeit ein, wenn es um einen Diebstahl ging. Wenn Menschen sich verantwortlich fühlen, dann tun sie auch etwas.

Doch wofür fühlen wir uns verantwortlich? Eine Frage, die Reiner Gall (Entwickler des Coolness-Trainings/CT®) in seinen Seminaren stellt, lautet: „**Wo beginnt dein Vorgarten?**" Damit ist gemeint, wie weit geht dein Verantwortungsbereich. Du beobachtest, wie jemand eine Cola-Dose in deinen Vorgarten wirft. Du wirst doch auf jeden Fall etwas tun, oder? Vielleicht die Person ansprechen oder ziemlich sicher die Dose wegräumen. Wie sieht es aus, wenn die Person es auf „deine" Straße wirft? Oder in „deinem" Park oder in „deiner" Stadt etwas hinwirft? Oder wenn du beobachtest, wie etwas in einer fremden Stadt oder in einem fremden Land hingeworfen wird?

Wo siehst du deinen Verantwortungsbereich? Wenn andere Menschen beleidigt werden? Wenn ein Mann eine Frau schlägt? Wenn Männer sich schlagen? Wenn Eltern ihre Kinder schlagen? Wenn Kinder rauchen? Wenn jemand auf dem Gepäckträger eines Fahrrads mitfährt? Wenn jemand diskriminiert wird?

Deutschland, Deutschland über alles
STAMMTISCH
Wer hätte denn gedacht, dass die Jungs das ernst nehmen?!?

„Jedes Wort ist ein Vorurteil.” Friedrich Wilhelm Nietzsche

Es gibt verschiedene Sündenbockpraktiker: als zwangsläufige ständige Beschäftigung (also fast krankhaft) – aus Enttäuschung – aus Konvention (Angst vor Sachen, die man nicht kennt) – Mitläufer – nüchtern kalkulierend.

Bevor du mit jemanden in Diskussion gehst, solltest du dein Gegenüber betrachten und dir über **realistische Ziele** Gedanken machen. Deine Argumentation kann noch so gut und einleuchtend sein. Wenn der andere nicht darauf anspringen möchte, so bleibt auch seine Meinung. Oder hast du schon mal in der Fernseh-Diskussion erlebt, dass jemand zu seinem Diskussionsgegner ernst sagte: *„Stimmt! So habe ich das noch nie betrachtet. Sie haben Recht. Ich werde meiner Partei kündigen und komme zu ihrer.“*

In vielen Fällen ist **Zivilcourage** und ein Einschreiten sinnvoll. Doch setze die Ansprüche nicht zu hoch. Opferschutz und dass Menschen merken, dass sie <u>nicht</u> alleine sind, ist schon oft Ziel genug. Auch die eigenen Möglichkeiten abzuwägen ist wichtig. Im Extremfall sind rechtliche Schritte, z.B. ein Anzeige, notwendig.

Möchtest du die Person **überzeugen**, funktioniert das am besten, wenn du <u>nicht</u> die Person, sondern „nur“ dessen Meinung zu diesem Thema ablehnst.

Als erstes sollten Gesprächsregeln geklärt werden. Damit das Parolenspringen unterbunden wird, sollte eine **Stoppregel** eingeführt werden. Dann kannst du dich „Step by Step“ mit den Argumenten auseinander setzen. Natürlich sind solche Regeln wie **Ausreden lassen**, **Keine Beleidigungen** und **Grenzen** wichtig.

Es geht aber immer darum, den anderen **ernst zu nehmen** und <u>nicht</u> sich über ihn lustig machen. Dann solltest du gezielt **nachfragen** – das „die“ auflösen und Widersprüche aufdecken. Gehe auch auf die Emotionen deines Gegenübers ein: „Dich ärgert also, dass du so wenig … ?“ Versuche, dass dein Gegenüber die Perspektive wechselt und mal durch eine andere Brille schaut.

Humor, Ironie und Überzeichnungen sind im Gespräch oft sinnvoll.

Belehrungen, Moralisierungen und Rat-*schläge* sind <u>nicht</u> zielführend. Denn was wissen Wegweiser schon vom richtigen Weg. Sie sind diesen Weg nie selbst gegangen. Aber es ist leichter nur den Weg zu zeigen. *Deshalb kommen ja auf zehn gute Unternehmer auch mindestens 10.000 „gute“ Unternehmensberater!* Gehe den Weg besser selbst und **sei Vor-Bild**!

„Nicht außerhalb, nur in sich selbst soll man den Frieden suchen. Wer die innere Stille gefunden hat, der greift nach nichts, und er verwirft auch nichts." Buddha

Um flexibel im Umgang mit Menschen zu sein, geht es immer um die innere Haltung. Dabei solltest du erst einmal selbst wissen, was du möchtest. Unterscheide dabei zwischen deinem Standpunkt und deinem Bedürfnis. Dein Standpunkt hat sich aus deinem Bedürfnis entwickelt. Hinterfrage immer, welches Bedürfnis du hast und du hast viel mehr Lösungsmöglichkeiten, als wenn du nur auf deinem Standpunkt beharrst. Wenn du Durst (Bedürfnis) hast, bist du recht flexibel. Anders ist es, wenn du nur genau diese Flasche Wasser, die im Kühlschrank steht (Standpunkt) haben möchtest. Sei kreativ, entwickle Ideen und schaue mal über den Tellerrand.

Die Universität Bochum (Thomas Feltes) fand heraus, dass bei Deutschen ein Kriminalität-Furcht-Paradoxon besteht: Immer weniger Verbrechen, aber immer mehr Angst. Außer den Verbrechen fürchten viele Menschen in Deutschland, dass die Steuern erhöht werden und wir Deutschen immer weniger werden. Dänen, Schweden und Norwegern ist es so ergangen: Sie sind sehr wenige, zahlen hohe Steuern UND gehören zu den **glücklichsten Menschen** Europas. *Deutsche haben also Angst vorm Glücklichsein!?!*

Wir in Deutschland und einigen anderen Ländern sind so reich, dass wir ständig Sachen wegschmeißen können, z.B. 313 kg Nahrungsmittel pro Sekunde. Ich könnte dabei auf einigen Luxus verzichten, wenn auf jeden Fall der Luxus des Friedens bleibt. Die Menschen dieser Welt produzieren insgesamt so viele Lebensmittel, dass weit über zwölf Milliarden Menschen satt werden könnten. Trotzdem hungert fast eine von sieben Milliarden Menschen. Ein wenig Umverteilung und es müssten nicht viele Millionen Menschen auf der Welt verhungern oder verdursten (siehe Kapitel 8.2). Doch davon sind wir weit entfernt. Ich freue mich ja schon über **kleinere Erfolge.** Hier mal zwei:
- Nach nur drei Jahren in Deutschland wurde Ninorta Bahno aus Syrien zur Weinkönigin von Trier gewählt. Zum ersten Mal vertritt damit eine geflüchtete Frau die Weinkultur der ältesten Stadt Deutschlands. Ich hoffe, es wird immer

mehr so gute Beispiele geben, auch wenn ein Flüchtling mal nicht so hübsch ist.
- Ein WDR-Experiment wurde 2015 in Essener Bussen durchgeführt. Es wurde ein amtlich aussehender Aufkleber auf der Innenseite des Busfensters geklebt: „Diese Plätze sind für Inhaber eines gültigen deutschen Personalausweises reserviert." Die Reaktionen der Essener waren vorbildlich. Extrem viele Busfahrende beschwerten sich oder rissen die Schilder einfach ab.

Erst einmal sollte nach den **Ursachen** geschaut werden. Prof. Beate Küpper fand heraus, dass eine höhere Arbeitslosigkeit <u>nicht</u> unbedingt zu mehr Vorurteilen oder Fremdenfeindlichkeit führt. Mangelnder Kontakt zu den Vorurteilsgruppen führt aber statistisch ganz klar zu mehr Vorurteilen.

Wie müssten denn gute **Präventionsprogramme** gegen Vorurteile aussehen?

Allgemein kann man sagen, dass Programme besser funktionieren, wenn die Leitung als Vor-bild dienen kann, also sympathisch ist, Vertrauen ausstrahlt, hinter dem Programm steht und es einen längeren Kontakt gibt.

Prof. Ulrich Wagner forscht zur Effektivität von Präventionsprogrammen und veröffentlichte die Marburger Liste dazu. Er sagt, dass reine Informationsweitergabe (z.B. durch die Sesamstraße zum Thema Vorurteile) schon etwas bringt. Werden Emotionen aktiviert und die Möglichkeit gegeben, sich in andere hineinzuversetzen so sind die Programme noch viel wirksamer. Durch eigene Beteiligung wird die Effektivität auch extrem erhöht. Wird ein Kontakt zu den Vorurteilsgruppen hergestellt, so ist das Ergebnis zum Vorurteilsabbau am besten. Stehen Autoritäten (Politik, Leitungen, Lehrer) wirklich dahinter, so wird auch noch einmal die Wirksamkeit erhöht.

Es gibt so **viele Ideen und Programme**, die jeder machen oder unterstützen kann. Dabei sollte jeder sich auf seine Vorlieben und Kompetenzen stützen:
- Bundeszentrale für politische Bildung (http://www.bpb.de/)
- Kostenlose pdf-Dateien: Zahlen, Daten, Fakten (https://www.proasyl.de)
- Zivilcourage erlernen (www.mutiger.de)
- Argumentationstraining gegen rechte Parolen (www.gegen-vergessen.de)
- Geocaching der Essener Falken (www.schlauer-statt-rechts-essen.de)
- Trainer-Ausbildung gegen Gewalt und Rassimus (www.gewaltakademie.de)
- Antirassimsusarbeit in NRW (www.ida-nrw.de)
- Bildkorrektur – Bilder gegen Bürgerängste (http://bildkorrektur.tumblr.com)
- Training zum Thema Demokratie (http://www.betzavta.de)

Nach-Denken

*„Das Gebet nützt der ganzen Welt, denn der Frieden beginnt zu
Hause und in unseren eigenen Herzen. Wie können wir Frieden in die
Welt bringen, wenn wir keinen Frieden in uns haben?"* Mutter Teresa

Es gibt so viele **Widersprüche** im Leben: den Gaddafi-Friedenspreis, das Programm Microsoft works, Gutmensch als Beleidigung, alkoholfreies Bier, Kriege für den Frieden, Schläge als Erziehungsmethode gegen Gewalt, kriegsführende Nächstenliebe-Religionen, mehr Riesenhäuser für kleinere Familien, mehr Verdienst mit Geld als mit Arbeit, weniger Wohlgefühl mit mehr Medikamenten, weniger Freude bei mehr Luxus und immer mehr Daten bei immer weniger Inhalt. Trotz der vielen Möglichkeiten mögen einige ihre Einfältigkeit. Und das Gegenteil von **Einfalt** ist die **Vielfalt**. Doch viel zu schnell wird aus Einfalt Angst und Hass. Dann gibt es massig Schutzmaßnahmen. Die Folgeschäden und Freiheitsbeschneidungen sind aber oft gefährlicher als der Angstgrund (z.B. Terrorangriffe) selbst. Es gab in den 70er und 80er Jahre viel mehr Tote durch terroristische Anschläge in Europa, teilweise über 400 im Jahr. Zwischen 2001 und 2014 waren es insgesamt 420 Terroropfer, wenn auch Amokläufe dazugezählt werden. 2015 waren es 149 Opfer durch terroristische Anschläge, hauptsächlich in Frankreich. Natürlich sind es weiterhin zu viele Opfer. Trotzdem ist es in Deutschland immer noch zehnmal wahrscheinlicher am Essen zu ersticken, als bei einem Terrorangriff ums Leben zu kommen.
Sehr inspirierend fand ich in meiner Schulzeit die **Ringparabel** in Lessings „Nathan der Weise". Hier wurde der jüdische Nathan vom muslimischen Kalifen nach der wahren Religion gefragt. Nathan antwortet mit einer Geschichte: Es gab einen Ring, der den Träger zu Gottes Liebling machte. Dieser wurde immer vom Vater an den Sohn vererbt. Ein Vater hatte drei Söhne und liebte alle gleich. Also ließ er Ringe nachmachen und gab jeden Sohn einen Ring. Diese stritten sich nun, wer wohl den „echten" Ring habe. Doch niemand weiß es. Vielleicht hat der Vater auch den echten Ring versteckt und jeder Sohn hat eine Kopie. Heute sind es eher hundert Söhne, die wiederum Söhne, Halbgeschwister und Adoptivkinder haben. Und jeder meint den einzig echten Ring zu besitzen. <u>Doch ist das wichtig?</u> Jede Medaille hat zwei Seiten und es gibt so viele Sachen, die du und ich tun können. Der erste Schritt ist aber immer erst einmal bei sich selbst anzufangen. **Und los!**

Man muss auch die Traditionen achten. Meine Familie bekam hier immer Sozialhilfe und so habe ich auch ein Recht auf staatliche Leistungen. Deine Vorfahren sind schon immer in Afrika verhungert, weil wir Euch ausgenutzt haben. Also:

Zurück nach Afrika!

„Die Vorurteile von Professoren nennt man Theorien." Mark Twain

- Ahlheim, Klaus: **Die Gewalt des Vorurteils**; Schwalbach 2007
- Ahmadiyya Muslim Jamaat Deutschland KdöR (Hrsg.): **Der heilige Koran**; Frankfurt am Main 1985
- Aktion Courage: **Rassismus begreifen**; Schwerte 1997
- Banaji M. R. / Greenwald A. G.: **Vorurteile**; München 2015
- Bundeszentrale für politische Bildung: **fluter Nr.55 – Thema: Flucht**; Lahr 2015
- Drösser, Christoph: **Wie wir Deutschen ticken**; Neumühlen 2015
- Clark, Malcolm: **Islam für Dummies**; Weinheim 2015
- Horaczek, Nina / Wiese, Sebastian: **Gegen Vorurteile**; Wien 2015
- Hufer, Klaus-Peter: **Argumente am Stammtisch**; Schwalbach 2007
- Jelloun, Ben Tahar: **Papa, was ist der Islam**; Berlin 2015
- Koller, Christian: **Rassismus**; Paderborn 2009
- Petersen, Lars Eric / Six, Bernd (Hrsg.): **Stereotype, Vorurteile und soziale Diskriminierung**; Weinheim 2008
- Posselt, Ralf-Erik: **Gewalt löst keine Probleme**; Schwerte 2004
- Rosa Luxemburg Stiftung (Hrsg.): **Flüchtlinge willkommen – Refugees welcome?**; Berlin 2015
- Scherr, Albert: **Diskriminierung**; Wiesbaden 2016
- Schleichert, Hubert: **Wie man mit Fundamentalisten diskutiert, ohne den Verstand zu verlieren**; München 2016
- Sultan, Sohaib: **Koran für Dummies**; Weinheim 2014
- Tsvetko, Yanko: **Atlas der Vorurteile**, München 2013
- Tsvetko, Yanko: **Atlas der Vorurteile 2**, München 2014

Bücher mit Verlagsort Schwerte sind über die Edition Zebra / GAV zu bekommen.
Tel.: 02304 – 755190 Fax: 02304 – 755295
Internet: www.gewaltakademie.de
Email: g.kirchhoff@aej-haus-villigst.de

„Es ist nie zu spät, Vorurteile abzulegen." Henry David Thoreau

Bärsch, Sibylle / Bärsch, Tim (2007): **Theorien zur Gewalt**
Forschungs-, Theorie-, Erklärungs- und Präventionsansätze für 6 €
Bestellung über die Edition Zebra: www.gewaltakademie.de

Bärsch, Tim / Rohde, Marian (2008): **Kommunikative Deeskalation**
Wissen aus den Fachbereichen des NLP, der Stressforschung, der Kampfkünste, der Neurobiologie und der Psychologie für 9,99 €

Bärsch, Tim (2009): **Verhindern Sie Gewalt**
Wie haben Personen in gewalttätigen Situationen ihr kreatives Potential genutzt? Über 100 Anregungen für 9,99 €

Bärsch, Tim (2011): **125 Übungen zur Gewaltprävention**
Vertrauens-, Kooperations-, Kampf-, Reflexionsübungen u.v.m. nach den Gruppenphasen geordnet für 9,99 €

Bärsch, Tim (2012): **Jugend heute – Besser als ihr Ruf**
Ist die Jugend in den letzten Jahren wirklich soviel schlimmer geworden? Antworten und Erklärungen für 9,99 €

Bärsch, Tim (2013): **Schlag doch zu, Hurensohn**
Praxisratgeber und Arbeitsbuch für Jugendliche zu den Themen Deeskalation, Zivilcourage und Körperverletzung für 5,99 €

Bärsch, Tim (2014): **Sei kein Opfer ... und kein Täter**
Ein *unterhaltsamer* Ratgeber zu den Themen Deeskalation, Gewaltprävention und Zivilcourage für 8,99 €

Bärsch, Tim (2015): **Erlebnisorientierte Gewaltprävention**
Trainerhandbuch mit über 150 Übungen und Ideen aus der Erlebnispädagogik für 9,99 €

„Ich werde oft auf mein Aussehen reduziert. Mein unsympathischer Charakter und mein geschmackloser Humor bleiben da komplett auf der Strecke."

Tim Bärsch

- Mensch mit Jahrgang 1972, Sohn, Enkel, Vater, Ehe- und Mann u.v.m.

- Diplom-Sozialarbeiter / Diplom-Sozialpädagoge / Universitäts-Dozent

- Rassismus- und Rechtsextremismus-Präventions-Trainer

- Anti-Aggressivitäts-, Coolness-, WingTsun- und Deeskalationslehrtrainer

- Systemischer und NLP-Coach (ProC / DVNLP)

- Erfahrungen in den Bereichen Gewaltprävention (alle Altersklassen), Kampfkunst, Sicherheitsdienst, Jugendamt und Erwachsenenbildung

Für Fragen, Anregungen, Kritik, Konzepterstellungen, Mitarbeiterschulungen und Fortbildungsangebote stehe ich gerne zur Verfügung.

BaER® Deeskalation
Be**w**ältigung **a**ggressiver **E**motionen & **R**eaktionen
Deeskalation und Gewaltprävention
Geschäftsführung: Tim Bärsch
Internet: www.baer-sch.de
Email: kontakt@baer-sch.de

Hier zum Schluss die wichtigsten Zitate, die den Inhalt des Buches sehr gut zusammenfassen und jedes auf seine Weise wahr, witzig und wichtig ist:

„Aus dir wird nie was Richtiges werden." Angeblich ein Münchner Gymnasiallehrer zu seinem zehnjährigen Schüler Albert Einstein

„Das Vorurteil ist das Kind der Unwissenheit." William Hazlitt

„Ihr müsst doch alle an Euch selbst glauben. Ihr seid doch alle Individuen ... und ihr seid alle völlig verschieden." Brian aus „Das Leben des Brian"

„Beep Beep Beep" R2-D2 aus Star Wars

„Unser Wissen ist ein kritisches Raten, ein Netz von Hypothesen, ein Gewebe von Vermutungen." Karl Popper

„Sei immer du selbst, außer du kannst Batman sein – dann sei Batman." Lebensweisheit

„Hodor - Hodor!" Hodor aus „Game of Thrones"

„Wir irren allesamt, nur jeder irrt anders." Georg Christoph Lichtenberg

„Hör auf dein Herz. Außer die Bäckerin empfiehlt den Käsekuchen. Dann hör auf die Bäckerin." Lebensweisheit

„Ich bin Groot!" Groot aus „Guardian of the Galaxy"

„Erst nach völlig bekämpften Vorurteilen findet Wahrheit festen Grund." Heinrich Martin

„Du kennst doch bestimmt den Spruch, dass Gott die Menschen nach seinem Ebenbild erschaffen hat. Guck dich mal um! Wenn man davon ausgeht, dass Gott ein Arschloch ist, ergibt das plötzlich mächtig viel Sinn." Das Känguru (Mitbewohner von Marc-Uwe Kling)

9 783741 291630